Harry Müller

Wer nach dem Wind greift

Was uns Salomo heute zu sagen hat

hänssler

Hänssler-Hardcover
Bestell-Nr. 394.768
ISBN 978-3-7751-4768-2

Internet: www.haenssler.de
E-Mail: info@haenssler.de
Umschlaggestaltung: Agentur kollundkollegen, Berlin
www.kollundkollegen.de
Titelbild: Anchelito von Photocase.com
Satz: typoscript GmbH, Kirchentellinsfurt
Druck und Bindung: Ebner & Spiegel, Ulm
Printed in Germany

mario taravella gewidmet
freund und mentor in krisenreichen zeiten

Anerkennung

Jane Wirz, meine langjährige Sekretärin, verdient einmal mehr einen besonderen Dank. Sie hat das Manuskript mit großer Geduld mehrere Male durchgelesen, korrigierte meine Fehler und machte wertvolle Änderungsvorschläge.

Am Limit

Denke schnell, rede schnell, fahre schnell, iss schnell, lies schnell, arbeite schnell ...! Wirtschaft und Gesellschaft beschleunigen sich zunehmend. Immer mehr Leute fühlen sich vom Job aufgefressen, leiden unter dem Spagat zwischen Beruf und Privatleben. Permanente Belastung lässt uns vor die Wand laufen. Irgendwann stellt sich die Frage: Wozu das alles? Lohnt sich das? Warum bin ich eigentlich hier?

Vor bald 3000 Jahren hat einer über genau dieses Dilemma nachgedacht. Er kam zu dem Schluss: Das Leben ist ein Leerlauf. Ohne Sinn und ohne Bedeutung. Hier war einer, der alles hatte und alles konnte – und doch musste er am Ende feststellen: Ohne Gott hat nichts einen bleibenden Sinn. Salomo hieß der Mann, Kohelet bzw. Prediger sein Buch. Die Worte dieses Weisen könnten aktueller nicht sein. Er schreibt ehrlich, denkt quer und lässt keine Klischees gelten. Lass dich auf eine Reise in das Herz des Menschen mitnehmen!

Zürich, im Herbst 2007

Harry Müller

Inhalt

Kapitel 1
Der Sinnsucher

Prediger 1

Der amerikanische Poet Carl Sandburg hat das Leben mit einer Zwiebel verglichen: „Du schälst sie, eine Lage um die andere, und manchmal kommen dir die Tränen." George Bernard Shaw, der irische Dramatiker, nannte das Leben „eine Serie von inspirierten Torheiten". Der amerikanische Schriftsteller Peter De Vries kam zu diesem Schluss: „Das Leben ist eine überfüllte Autobahn mit verwirrenden Ausfahrten, auf denen sich der Mensch plötzlich in dieselbe Richtung davonrasen sieht, aus der er kam." Die französische Philosophin Simone Weil hat es noch pessimistischer formuliert: „Wir sind wie Fliegen, die auf dem Boden einer Flasche kleben, angezogen vom Licht, aber unfähig, uns zu befreien."

Auch biblische Autoren haben sich mit der Sinnfrage befasst. Einer von ihnen hat ein Buch geschrieben, dem der Titel „Prediger" (hebräisch: *Kohelet*) gegeben wurde. Wohl kein Buch der Bibel ist so oft – von Frommen! – kritisiert und missverstanden worden wie der Prediger. Es wurde als nihilistisch, pessimistisch, fatalistisch, materialistisch und zynisch beschrieben. Zu Unrecht, wie sich zeigen wird.

Wenn es je einen Menschen gab, der den Sinn des Lebens hätte finden können, dann war es Salomo. Der Mann hatte einfach alles: sagenhaften Reichtum, profunde Intelligenz, überragende Weisheit und jede Menge „Spielzeuge" und Spaß (vgl. Prediger 2,1-11). Was immer er unternahm, er tat es nicht gemäßigt, sondern in vollen Zügen. Wenn Salomo das Geheimnis des Lebens nicht ergründen konnte, wer sonst? Das Buch Prediger verfasste er am Ende seines Lebens. Es ist der Blick in den Rückspiegel.

Salomo schrieb drei biblische Bücher: das Hohelied in jungen Jahren, die Sprüche in der Lebensmitte und das Buch Prediger an seinem Lebensabend. Dieser Bericht enthält die Reflexion eines Mannes, der alles besessen hatte, dann alles verlor und am Ende den Wert des Bleibenden erkannt hat.

Manche Fachleute meinen, Salomo hätte mit Absicht für Suchende geschrieben. Das ist gut möglich. Er wendet sich auf jeden Fall an jemanden, der ehrliche Fragen über Gott und das Leben hat. Das Buch kann in bemerkenswerter Weise Lektüre für unsere Zeit sein.

Der Prediger beginnt mit der kategorischen Feststellung, dass das Leben „nichtig" sei. Mit „nichtig" meint er „vergänglich", „leer", „ohne Sinn". Nüchtern gesehen ist das ja wirklich so: Du lebst 60 oder 70 Jahre, dann machst du deinen Abgang. Generationen kommen und gehen, damit hat es sich.

Salomo will uns von der Illusion befreien, dass ein Leben, das ohne Gott gelebt wird, trotzdem Sinn machen könnte.

Nichts verändert sich

Alles ist vergänglich und vergeblich, sagte der Prediger,
nichts hat Bestand, ja, alles ist völlig sinnlos!
Der Mensch plagt sich ab sein Leben lang, doch was bringt es ihm ein?
Hat er irgendeinen Gewinn davon? (Prediger 1,2-3 Hfa)

Was mit „vergänglich und vergeblich" gemeint ist, beschreibt Jakobus treffend im Neuen Testament:

Ihr plant so großartig und wisst nicht einmal, was morgen
geschieht! Was ist denn schon euer Leben? Nichts als ein leiser
Hauch, der – kaum ist er da – auch schon wieder verschwindet.
(Jakobus 4,14 Hfa)

Hiob fasst es so zusammen:

„Nackt bin ich zur Welt gekommen,
und nackt verlasse ich sie wieder." (Hiob 1,21 Hfa)

Rein materiell betrachtet ist das Leben kurz. Du stirbst – und dann bist du Geschichte. Nach deinem Tod wird es eine Beerdigung geben. Egal, ob 20 oder 200 Leute an deiner Beerdigung teilnehmen, es läuft immer gleich ab. Weißt du, was Menschen nach deiner Trauerfeier tun werden? Sie eilen zurück an ihre Arbeit, weil dort Alltagspflichten auf sie warten. Sie gehen nach Hause und trinken einen Kaffee. Am Abend lesen sie die Zeitung oder sie sehen fern. Bereits am nächsten Tag beginnt die Erinnerung an dich zu verblassen. „Die Welt wird um dich trauern für eine Stunde und vergisst dich dann für immer", um es mit Mark Twain zu sagen. Bist du bereit, das zu verkraften? Dein Leben verblüht. Und bald weiß niemand mehr, wer du warst. Dieser Realität ins Gesicht zu sehen, ist ernüchternd.

Salomo fragt ohne Umschweife: „Der Mensch plagt sich ab sein Leben lang, doch was bringt es ihm ein?" Oder – präziser nach dem hebräischen Grundtext formuliert:

Welchen Gewinn hat der Mensch von all seinem Mühen, mit dem
er sich abmüht unter der Sonne? (Prediger 1,3 Elb)

Das Wort „Gewinn" ist hier ein kommerzieller Begriff und meint: „Erfolg haben". Salomos Quintessenz ist: Das Leben zahlt keine Dividende.

Der Ausdruck „unter der Sonne", der sonst nirgends im Alten Testament erscheint, wird immer wieder (29-mal) in diesem Buch auftauchen. Es ist ein Hinweis auf unsere irdische Existenz, ein Hinweis auf die horizontale, rein menschliche Ebene. Es ist die Erinnerung daran, dass der Gott des Himmels Dinge tut, die wir nicht ändern können, und Dinge weiß, die wir nicht erklären können.

Salomo war verblüfft über die Tatsache, dass Generationen von Menschen kommen und gehen und doch scheinbar alles andere gleich bleibt. In der Natur gibt es zwar Veränderungen – trotzdem ändert sich im Grunde nichts. Alles, was wir sehen, ist Teil eines riesigen Kreislaufs der Natur. Vier Beispiele illustrieren das:

Die Erde

> *Generationen kommen und gehen, nur die Erde*
> *bleibt für alle Zeiten bestehen. (Prediger 1,4 Hfa)*

Aus der horizontalen Sicht ist nichts so konstant und solide wie der Planet, auf dem wir leben. Die Gesetze der Natur, Schwerkraft, Rotation, Neigung der Erdachse etc., sind berechenbar. Die Natur ist konstant, der Mensch nicht. Er existiert hier als bloßer Pilger, als Durchreisender. Seine Reise ist kurz. Salomo leitet hier ein Thema ein, auf das er noch oft zurückgreifen wird: die Kürze des Lebens und die Gewissheit des Todes.

Die Sonne

Salomo hat sich auch mit Astronomie befasst:

> *Die Sonne geht auf und wieder unter, dann eilt sie dorthin,*
> *wo sie aufs Neue aufgeht. (Prediger 1,5 Hfa)*

Von „Geburt und Tod" wechselt der Zyklus im Buch Prediger nun zu „Tag und Nacht". Jeden Tag sah Salomo die Sonne aufgehen, über den Zenit steigen und dann am Horizont untergehen. Ein Schauspiel: Sonnenaufgang. Sonnenuntergang. Sonnenaufgang. Sonnenuntergang. Endlos. Unaufhörlich. Was das Solarsystem betrifft: Da ist ein Tag wie der andere.

Der Wind

Von der sichtbaren Ost-West-Bewegung der Sonne wendet sich der Beobachter den unsichtbaren Nord-Süd-Bewegungen der Windströme zu:

Der Wind weht bald von Norden, bald von Süden, ruhelos dreht er sich, schlägt ständig um und kommt dann am Ende wieder aus der alten Richtung. (Prediger 1,6 Hfa)

Satellitenbilder zeigen heute die großen Windströme auf. Salomo war kein Meteorologe, aber er hatte Kenntnis von den Windbewegungen. Sein Argument: Der Wind ändert stetig seine Richtung, aber die Windströmungen gibt es schon seit Urzeiten. Der Mensch kommt und geht, der Wind weht weiter. Eigentlich sollte es doch genau umgekehrt laufen: Der Mensch sollte permanent und die Natur vergänglich sein. Irgendwie fühlen wir, dass da etwas nicht stimmt. Wir lernen die grossen Lektionen des Lebens, aber dann, wenn wir beginnen, sie anzuwenden, ist das Leben vorbei und eine neue Generation muss wieder von vorne anfangen. Das ergibt keinen Sinn.

Das Meer

Die Flüsse fließen ins Meer, trotzdem wird das Meer nicht voller. Das Wasser kehrt immer wieder zu den Quellen der Flüsse zurück, um dort neu zu entspringen. (Prediger 1,7 NLB)

Salomo beschreibt den Wasserkreislauf, der unser Leben auf der Erde garantiert. Sonne und Wind ermöglichen Verdunstung. Feuchtigkeit zirkuliert immerzu. Und die großen Ozeane ändern sich nicht. Alles bleibt, wie es immer war.

Fazit: Die Natur ist ein gigantischer Kreislauf und unser Leben letztlich ein riesiger Leerlauf, wenn man es nur aus der

Perspektive „unter der Sonne" betrachtet. Der Mensch kommt und er verschwindet, aber die Natur bleibt. Das ist eine wenig ermutigende Feststellung.

Nichts ist neu

Jemand hat einmal gesagt, der Mensch sei das einzige Tier, das anfängt, schneller zu rennen, wenn es erkennt, dass es verloren ist. Da mag was dran sein: Wenn einer realisiert, dass er den Sinn des Lebens nicht auf die Reihe kriegt, ist die Versuchung da, Gas zu geben und sich mit Aktivitäten vollzuladen, Ablenkung zu finden, indem man etwas Neuem nachrennt. Salomo zieht auch da einen Negativschluss:

> *Was früher geschehen ist, wird wieder geschehen;*
> *was man früher getan hat, wird man wieder tun:*
> *Es gibt nichts Neues unter der Sonne. (Prediger 1,9 Hfa)*

Was immer wir in der Zukunft ausprobieren, um tieferen Sinn zu finden: Es wurde in der Vergangenheit bereits versucht. Es gibt in der Tat „nichts Neues unter der Sonne".

Seit seinen frühen Tagen hat der Mensch die Kräfte der Natur angebetet. Die ägyptische Religion und viele andere mit ihr personifizierten die Sonne, die kanaanitische Religion hatte ihre Wettergottheiten. Nahezu alle Phänomene der Natur wurden zum Verehrungsgegenstand, indem man sie mit einer Gottheit in Verbindung brachte.

Später schlug dann die Stunde der großen Philosophen: Sokrates, Platon und dessen Schüler Aristoteles, der Vater der modernen Philosophie. Der Mensch suchte nun mithilfe der Vernunft den Sinn des Lebens. Nicht die primitiven Götter, sondern der menschliche Verstand sollte dem Leben Bedeutung vermitteln.

Dann kam Christus. Gott wurde Mensch. Der unendliche Gott nahm endliche Form an. Die Quelle des lebendigen Wassers begann zu fließen.

Doch damit war die Sinnsuche des Menschen nicht beendet, und sogar im Christentum selbst gab es lange dunkle Strecken, in denen das Licht des Evangeliums kaum geleuchtet hat.

In der Neuzeit entwickelte sich dann der philosophische Atheismus, der in der Auffassung gipfelt, dass jeder Mensch ein Gott sei. Jetzt, wo wir also alle kleine Götter sind, kann ja die Welt nur besser und besser werden. Und folgerichtig avanciert in unseren Tagen die Wissenschaft zum Gott unseres Zeitalters.

Die Illusion, dass wir mit neuen Entdeckungen den Sinn des Universums finden, hat sich allerdings nicht erfüllt. Und so sind viele von Mystizismus, New Age und Esoterik fasziniert, andere flüchten sich in die Beliebigkeit postmoderner Weltanschauungen. Es ist erstaunlich: Wenn der Mensch mit dem kalten Kosmos konfrontiert wird, wendet er sich nicht dem wahren Gott zu, der sich in Christus offenbart hat. Wir beugen uns nicht vor dem Schöpfer, denn wenn wir das tun würden, müssten wir ja unsere Hilflosigkeit eingestehen.

Zurück zu Salomo. Er fasst sein Argument so zusammen:

> *„Sieh her", sagen sie, „da ist etwas Neues!" Unsinn!*
> *Es ist schon einmal da gewesen, lange bevor wir geboren wurden.*
> *Wir wissen nur nichts mehr von dem, was die Alten taten.*
> *Und was wir heute tun oder unsere Kinder morgen, wird auch bald*
> *vergessen sein. (Prediger 1,10-11 GNB)*

Der Prediger wird uns später ermahnen, „an den Schöpfer[1] zu denken" und im Blick auf die Zukunft zu leben (vgl. Prediger 11,8 und 12,1). Aber „unter der Sonne" gesehen scheint auch das sinnlos. Vergangenheit, Gegenwart und Zukunft haben horizontal gesehen keine Bedeutung, bieten keine Wegweisung.

---

[1] Kohelet erwähnt den alttestamentlichen Gottesnamen Jahwe nicht. Stattdessen verwendet er Umschreibungen.

Das ist der logische Schluss von Prediger 1,2-10; hier wird die Abwärtsspirale der Sinnlosigkeit porträtiert. Selbst der gottferne Mensch wird die Maxime bestätigen: Wer nichts aus der Geschichte lernt, ist dazu verdammt, sie zu wiederholen.

Nichts ist verständlich

Ich, der Prediger, war König von Israel und regierte in Jerusalem. Ich gab mir viel Mühe, alles auf der Welt mit meiner Weisheit zu erforschen und zu begreifen. Doch was für eine große Last ist das! Gott hat sie den Menschen auferlegt, sie sollen sich damit abmühen! (Prediger 1,12-13 Hfa)

Hier findet nun ein Wechsel von der dritten Person zum „Ich" statt. Wenn irgendein Mensch fähig ist, das Geheimnis des Lebenssinns zu lüften, dann wäre es der berühmte Philosoph in Jerusalem. Salomo hat seine Nachforschungen mit Eifer betrieben. Er wollte eine befriedigende Antwort auf die Sinnfrage finden.

„Was für eine große Last ist das! Gott hat sie den Menschen auferlegt, sie sollen sich damit abmühen." Wörtlich steht da, dass Gott diese Last den „Söhnen Adams" auferlegt hat. Das ist ein Hinweis auf den Absturz im Garten von Eden. Es erinnert uns daran, wie es wirklich um uns steht. Als gefallener Mensch geboren zu sein, ist wahrhaftig kein Picknick.

Adam kannte ursprünglich keine philosophischen Probleme. Er lebte in Harmonie mit Gott und der Schöpfung. Er wusste, wozu er da war. Er wusste, wo er hinging. Er wusste, was er zu tun hatte. Aber dann übertrat er Gottes Gebot (1. Mose 3,1-7).

Als Adam sündigte, gingen die Lichter aus. Seine inneren Augen wurden verdunkelt. Seine Nachkommen mussten und müssen als Erblast die Konsequenzen tragen. Wir wissen nun nicht mehr, was und vor allem, wer hinter allem steckt. Die Söhne Adams arbeiten und mühen sich bis heute ab, ohne eine Antwort zu finden auf die Frage: „Wozu das alles?"

Die Bilanz ist brutal. Nach aller Information und nach unzähligen Gesprächen mit Männern und Frauen unterschiedlicher Herkunft zieht Salomo diesen Schluss:

> *Ich beobachtete, was auf der Welt geschieht,*
> *und erkannte:*
> *Alles ist vergebliche Mühe – gerade so,*
> *als wollte man den Wind einfangen.*
> *(Prediger 1,14 Hfa)*

Er versucht, etwas zu erfassen, was sich nicht fassen lässt. Manche Songschreiber der 60er-Jahre kamen zum selben Fazit wie Salomo. Bob Dylans berühmter Refrain lautete: *„The answer, my friend, is blowin' in the wind."* Die Antwort weht im Wind. „Unter der Sonne" wird sie immer unergründlich bleiben.

> *Ich überlegte und sagte mir: „Ich habe große Weisheit erlangt und viel Wissen erworben, mehr als jeder andere, der vor mir in Jerusalem regierte." Doch dann dachte ich darüber nach, was die Weisheit ausmacht und worin sie sich von Unvernunft und Verblendung unterscheidet, und ich erkannte: Wer sich um Weisheit bemüht, kann genauso gut versuchen, den Wind einzufangen! Je größer die Weisheit, desto größer der Kummer; und wer sein Wissen vermehrt, der vermehrt auch seinen Schmerz.*
> *(Prediger 1,16-18 Hfa)*

Salomo wäre der Letzte, der sich gegen Bildung aussprechen würde. Doch selbst profundes Wissen bewahrt nicht vor einer Sinnkrise. Intelligent wie Salomo war, kam er zu der Einsicht: Das Einzige, was ein gebildeter Mensch letztlich tun kann, ist, als Gebildeter zu sterben. Alles Wissen der Welt wird das Herz eines Menschen nicht verändern.

Fazit: Während wir überlegen, nachdenken und nachforschen, zieht Gott im Hintergrund die Fäden. Er ist es, der in uns die Sinnfrage weckt. Die Sehnsucht nach Wahrheit ist letztlich gottgewollt (vgl. Johannes 16,7-13).

Weisheit von oben

Aus der Flachlandperspektive betrachtet, ist Salomos Bilanz bedrückend. Aber darin liegt das Wesentliche: Wer nur aus der Sicht „unter der Sonne" sieht, der hat einen zu engen Blickwinkel.

Einer ist gekommen, der mehr Weisheit als Salomo besitzt: Jesus Christus. Das Kreuz mit seiner Macht der Vergebung, das Kreuz mit seiner Weisheit der Liebe kann die krummen Dinge in unserem Leben gerade biegen. Was die Weisheit des Menschen „unter der Sonne" niemals schafft, das hat Christus am Kreuz vollbracht. Die Sinnfrage wird nicht geklärt, bis mir die Bedeutung des Kreuzes klar wird.

Wo stehst du selbst? Ist dein Alltag eine Tretmühle, ein ewiges Einerlei, ein endloses Drehen im Hamsterrad? Es gibt *good news*: Veränderung ist möglich. Sie beginnt mit einem geänderten Denkmuster, einem Paradigmenwechsel. Statt wie Salomo das Leben aus der Perspektive „unter der Sonne" zu betrachten, versuch doch, das Leben aus Gottes Perspektive „über der Sonne" zu sehen! Was wir brauchen, ist Weisheit von oben.

Vor einiger Zeit ist mein Vater gestorben. Aus der deprimierenden Perspektive „unter der Sonne" bin ich geneigt zu sagen: Von Staub zu Staub – das ist das endgültige Ende seiner Existenz. Die Weisheit von oben sagt jedoch: Der Leib verblüht, aber das Grab hat nicht das letzte Wort. Es gibt die Auferstehung von den Toten, es gibt das neue Leben.

Paradigmenwechsel: Es gibt den neuen Bund, es gibt das neue Gebot, es gibt den neuen Menschen, es wird den neuen Himmel geben, und es wird eine neue Erde geben. Jesus ist gekommen, damit wir neue Hoffnung haben. Weisheit von oben ist mehr als nur ein theoretischer Denkansatz. Weisheit, die von Gott kommt, wird unser praktisches Verhalten in den Niederungen des Alltags verändern. Jakobus macht das deutlich:

Die Weisheit aber, die von Gott kommt, ist lauter und rein.
Sie sucht den Frieden. Sie ist freundlich, bereit nachzugeben und
lässt sich etwas sagen. Sie hat Mitleid mit anderen und bewirkt
immer und überall Gutes; sie ist unparteiisch, ohne Vorurteile und
ohne alle Heuchelei. (Jakobus 3,17 Hfa)

Die Weisheit, die von Gott kommt, „lässt sich etwas sagen". Was lässt du dir sagen? Von welcher der genannten Weisheitseigenschaften willst du dich herausfordern lassen?

Auf den Nenner gebracht: Ein Leben ohne Gott ist letztlich Leerlauf. Du drehst dich um die eigene Achse. Leben „unter der Sonne" hat nur dann eine bleibende Bedeutung, wenn wir den Sohn kennen, der über der Sonne lebt.

Wohin steuerst du mit all deinen Aktivitäten?
Drehst du dich im Kreis oder hast du ein Lebensziel?
Welches?

Fenster zum Alltag

Christus ist das der Welt zugewandte Gesicht Gottes. Ohne ihn wirst du auf der Sinnsuche nicht weiterkommen.

Jesus Christus und sonst niemand kann die Rettung bringen.
Auf der ganzen Welt hat Gott keinen anderen Namen bekannt
gemacht, durch den wir gerettet werden könnten.
(Apostelgeschichte 4,12 GNB)

Alle Weisheit beginnt damit, dass man Ehrfurcht vor Gott hat. Den
heiligen Gott kennen, das ist Einsicht. (Sprüche 9,10 Hfa)

Das Buch Kohelet ist eine Ablehnung jeder arroganten und ignoranten Vorstellung, dass wir unser Leben selbstbestimmt führen können. Auch wenn manches beim Prediger pessimistisch klingt, so ist das Buch doch randvoll mit praktischer Weisheit.

Wie erklärst du dir den letzten Vers im ersten Kapitel? Verglichen mit Jakobus 3,17 ergibt sich ein interessanter Kontrast. Diskutiere in deiner Kleingruppe die Merkzeichen echter Weisheit, so wie sie Jakobus auflistet.

Versuche, die einzelnen Kriterien präziser zu beschreiben. Welche sprechen dich an? Welche machen dir besonders Mühe?

Kapitel 2
Auf der Überholspur

Prediger 2

Wenn man Oberhaupt einer wichtigen Sippe ist, dann tritt man auch würdevoll ab. Für Freitag, den 24. Januar 2004, hatte Gianni Agnelli, 81, Chef über das riesige Fiat-Imperium, die 70 wichtigsten Mitglieder seines Clans in den historischen Sitz der ersten Fiat-Fabrik am Turiner Corso Dante bestellt, um über seine Nachfolge zu beraten. Doch während die ersten Familienmitglieder eintrafen, schloss der Patriarch in seiner Villa hoch oben über der Stadt für immer die Augen. Italien trauerte, als sei der König gestorben.

Mit Agnelli starb der letzte große Vertreter des italienischen Familien-Kapitalismus, endete die Soap-Opera eines Clans, dessen Name in Italien so klingt wie Kennedy in Amerika. Denn Gianni Agnelli war nicht nur Imperator des riesigen Fiat-Konzerns, der mit Reichtum, Kontakten zu den Großen der Welt und unternehmerischer Macht beeindruckte. Er füllte auch die Klatschspalten mit Details seines wilden und tragischen Lebens. Weil der Sohn des Firmengründers Giovanni Agnelli schon 1935 bei einem Flugzeugunfall ums Leben kam, wurde in der Familiendynastie eine Generation übersprungen und der Enkel Gianni zum künftigen Erben bestimmt: ‚Geh und amüsiere dich, aber wisse: Wenn du 40 Jahre alt bist, gehörst du der Firma', sagte der Großvater. Und Gianni tobte sich aus: Er bekam eine 28-Zimmer Villa bei St. Tropez, ein Flugzeug und umgerechnet drei Millionen Euro Taschengeld im Jahr. Er machte sich die

besten Freunde, die die Côte d'Azur zu bieten hatte. Er
eroberte die begehrenswertesten Frauen jener Zeit wie
im Zeitraffer. Er traf die Großen der Welt und genoss das
süße Leben. Am Ende starb der Fiat-Patriarch, eher, als
dass er zurückgetreten wäre von seinem Imperium.[2]

Lange vor Agnelli hat ein anderer das Jetset-Leben mit allen
Vorzügen ausgekostet. Lange vor dem Italiener hat ein Hebräer
den Duft der großen weiten Welt getestet. Lange vor dem Fiat-
Boss hat ein sagenhafter König Frauen gesammelt wie Trophä-
en.

Salomo hinterließ das Tagebuch seiner Erfahrung. Er doku-
mentierte sein Leben auf der Überholspur. Wer dieses alte Buch
liest, stellt mit Erstaunen fest, wie unglaublich aktuell es in
unsere Zeit hineinspricht.

Im nächsten Abschnitt wechselt Salomo die Schiene, auf
der er sucht: Die zuvor intellektuelle Suche wird nun auf die
materialistische Ebene hedonistischer Glückssuche verlegt. Er
experimentiert weiter, immer auf der Suche nach dem Ultima-
tiven; unablässig fahndet er nach dem, was letztlich wirklich
Sinn macht.

Gönne dir Gutes!

*Also sagte ich mir: „Versuch fröhlich zu sein und das Leben zu
genießen!" Doch ich merkte, dass auch dies sinnlos ist. Mein
Lachen erschien mir töricht, und das Vergnügen – was hilft
es schon? Da nahm ich mir vor, mich mit Wein zu berauschen und
so zu leben wie die Unverständigen – doch bei allem sollte die
Weisheit mich führen. Ich wollte herausfinden, was für die Menschen gut ist und ob sie in der kurzen Zeit ihres Lebens irgendwo
Glück finden könnten. (Prediger 2,1-3 Hfa)*

---

[2] Max, Januar 2004, S. 204.

Salomo, der Sinnsucher, wollte es wirklich wissen. In einem Selbstgespräch kam er nun zu dem Schluss: „*It's party time – gib Gas, hab Spaß*"!

Als sagenhaft reicher König von Israel hatte er Macht und Mittel zu tun, was immer sein Herz begehrte. An einem einzigen Tag wurden an seinem Hof 12 Tonnen Mehl, 30 Rinder und 100 Schafe zubereitet. Dazu kamen als Beigabe noch Hirsche, Gazellen, Rehe und gemästetes Geflügel. Es wird geschätzt, dass 30–40 000 Personen nötig wären, um diese Menge Lebensmittel pro Tag zu verbrauchen. Schlaraffenland pur. In den zahllosen Prunksälen seines Palastes hallten Gelächter und Gesang. Salomo und seine Gäste genossen erstklassiges Entertainment, tranken den teuersten Wein und verköstigten sich Tag für Tag an den leckersten Buffets. Ohne vom Resultat seines Experiments zu berichten, geht er nahtlos über zu seinen nächsten Projekten:

Ich schuf große Dinge: Ich baute mir Häuser und pflanzte Weinberge. Ich legte Ziergärten und riesige Parks für mich an und bepflanzte sie mit Fruchtbäumen aller Art. Ich baute große Teiche, um den Wald mit seinen jungen Bäumen zu bewässern. Ich erwarb Knechte und Mägde zu denen hinzu, die schon lange bei uns lebten ... ich besaß größere Rinder- und Schafherden als alle, die vor mir in Jerusalem regiert hatten. Meine Schatzkammern füllte ich mit Silber und Gold, mit Schätzen aus anderen Königreichen. Ich ließ Sänger und Sängerinnen an meinen Hof kommen und hatte alle Frauen, die ein Mann sich nur wünschen kann.
(Prediger 2,4-8 Hfa)

Der König baute 13 Jahre lang an seinem eigenen Palast. Sein Libanon-Waldhaus und die Villa seiner ägyptischen Frau – prächtig genug – waren da lediglich Nebenschauplätze. Zu seinen weiteren Bauprojekten gehörten der berühmte Tempel in Jerusalem sowie die Städte Geser, Bet-Horon, Baalat und Tadmor, in anderen Städten wie etwa Megiddo baute er mächtige Stadtmauern.

Salomos prunkvolle Parks waren legendär. Ganze Teich-anlagen (die heute noch zu besichtigen sind) wurden zur Bewäs-serung der Wälder, Weinberge und Gärten erstellt.

Nichts hatte der König ausgelassen: ausgedehnte Bankette, beeindruckende Bauten, fabelhafte Parks und – wie könnte es anders sein – auch *Playmates* fehlten nicht. Manche Männer brüsten sich mit ihren Frauengeschichten. Aber nur wenige können es mit Salomo und seinen 1000 Gespielinnen aufneh-men. Salomos Harem bestand aus 700 Frauen und 300 Neben-frauen (1. Könige 11,3). Wein, Weib und Gesang – Spaß und Spiele – der Philosoph hatte jeden Appetit befriedigt und wurde dabei immer glücklicher ...

Nicht ganz, der Bericht im Tagebuch ist eher ernüchternd:

> *So wurde ich berühmter und reicher als jeder, der vor mir in Jeru-salem regiert hatte, und meine Weisheit verlor ich dabei nicht. Ich gönnte mir alles, was meine Augen begehrten, und erfüllte mir jeden Herzenswunsch. Meine Mühe hatte sich gelohnt: Ich war glücklich und zufrieden. Doch dann dachte ich nach über das, was ich erreicht hatte, und wie hart ich dafür arbeiten musste, und ich erkannte: Alles war letztendlich sinnlos – als hätte ich versucht, den Wind einzufangen! Es gibt auf dieser Welt keinen bleibenden Gewinn. (Prediger 2,9-11 Hfa)*

Nach dem Fun kam „der Tag danach". Beim Bilanzziehen war die permanente Party für Salomo irgendwie langweilig gewor-den. Wörtlich sagt er im elften Vers: „Alles war Leerlauf, ein Haschen nach Wind, es gibt keinen Gewinn unter der Sonne."

Die dreifache Steigerung der Begriffe soll das Ausmaß seiner Enttäuschung zum Ausdruck bringen. Müssen wir den Schluss ziehen, dass Salomo dagegen ist, wenn sich einer Gutes gönnt? Wohl kaum, denn am Ende seines Tagebuches ermutigt er den Leser, „sich der Blüte des Lebens zu erfreuen" (11,9), weil unsere Tage beschränkt sind. Gott ist für ihn keineswegs ein Spiel-verderber, der aufpasst, dass keiner zu viel Spaß hat. Er gönnt uns Gutes. Alle guten Gaben kommen ja von ihm. Salomo sagt vorerst nicht mehr als das: Spaß haben als Lebensziel *greift zu kurz*. Sinnerfüllung kommt nicht durch die Fähigkeit, sich jeden Wunsch erfüllen zu können.

Grüble nicht!

Der Prediger hatte die beispiellose Chance, alles auszuprobieren, was es je auszuprobieren gab. Als Nächstes denkt er nun über die Zukunft nach:

> *Ich überlegte: Worin unterscheidet sich der Weise vom Unverständigen und Verblendeten? Was wird der Mann tun, der einmal als mein Nachfolger auf dem Königsthron sitzen wird? Was schon jeder vor ihm getan hat? (Prediger 2,12 Hfa)*

Wer nach Salomo kommt, kann lediglich wiederholen, was er bereits ausgekostet hatte. Es gibt nichts Neues unter der Sonne. Keiner wird je zu einem anderen Schluss kommen. In Bezug auf den Lebensstil macht der Philosoph eine eher banal erscheinende Feststellung. Er sagt: Es ist besser, weise als unvernünftig zu sein. Und doch werden beide, der Weise und der Tor, am selben Ort landen:

> *Der Weise läuft mit offenen Augen durch die Welt, doch der Unvernünftige tappt im Dunkeln. Und trotzdem wartet auf beide das gleiche Los! Als ich das erkannte, fragte ich mich: Wenn mich das gleiche Schicksal trifft wie den Unverständigen – wozu habe ich dann überhaupt nach Weisheit gesucht? Denn später erinnert sich niemand mehr an den Weisen, genauso wenig wie an den Unwissenden. Wie bald sind beide vergessen – der Tod macht keinen Unterschied! (Prediger 2,14-16 Hfa)*

Salomos Argument besticht. Es macht wenig Sinn, einen Vortrag über den Wert der Weisheit zu halten, wenn am Ende keiner von uns mehr da ist, um sie zu nutzen.

Zum ersten Mal in seinem Tagebuch bringt der Tod die Sinnsuche zu einem plötzlichen Stillstand. Die Gewissheit des Todes ist ein Thema, das im Buch Kohelet oft angesprochen wird. Wenn dasselbe Schicksal jeden von uns trifft, wenn der Tod das Ende der Straße bedeutet, dann scheint es tatsächlich, als ob Gott uns hinters Licht führen würde.

Goethe wusste: „Das Menschenleben ist seltsam eingerichtet: Nach den Jahren der Last hat man die Last der Jahre." Es braucht unzählige Jahre, bis ein Mensch lernt zu leben. Wenn er so weit ist, ist er alt und stirbt. Wie sinnlos! Salomo beschreibt ehrlich, was für Gefühle ihn bei diesem Gedanken beschleichen:

> Da begann ich das Leben zu verabscheuen, alles auf der Welt war mir zuwider. Denn es ist so sinnlos, als wollte man den Wind einfangen. Auch mein Besitz, für den ich mich mein Leben lang abgemüht hatte, war mir verleidet, denn ich begriff, dass ich einmal alles meinem Nachfolger hinterlassen muss ... Als ich das erkannte, begann ich zu verzweifeln, weil ich mich mein Leben lang so geplagt hatte. Da hat man mit seinem Wissen, seinen Fähigkeiten und seinem Fleiß etwas erreicht und muss es dann an einen anderen abtreten, der sich nie darum gekümmert hat! Das ist so sinnlos und ungerecht! (Prediger 2,17-21 Hfa)

William Randolph Hearst war der reichste amerikanische Verleger des 20. Jahrhunderts. In San Simeon, an der Pazifikküste, baute er über fast 30 Jahre hinweg das berühmte Hearst Castle. Das Schloss wurde nie ganz vollendet, aber alles, was Rang und Namen hatte, wurde von ihm zu gigantischen Partys nach San Simeon eingeladen. Am 2. Mai 1947 fuhr der kranke Hearst in seinem Auto die gewundene Straße an die Küste hinunter, um zur Erholung nach Los Angeles zu fliegen. Marion Davies, seine langjährige Geliebte, saß neben ihm und sah, dass ihm die Tränen nur so übers Gesicht liefen. Sie lehnte sich hinüber, trocknete sein Gesicht und sagte zu ihm: „Du wirst sehen, wir kommen wieder." Sie sind nie zurückgekehrt.

Hearst starb einige Jahre später. Seine Erben konnten den Unterhalt des Traumschlosses nicht finanzieren. Es wurde dem Staat Kalifornien als Denkmal vermacht.[3]

Salomos Sorge, dass er eines Tages sein gesamtes Imperium aus der Hand geben und einem Nachfolger hinterlassen würde, war genauso begründet. Vielleicht dachte er an seinen eigenen Sohn – eine tragische Story:

Rehabeam war 41-jährig, als er den Thron seines Vaters übernahm. Er schaffte es, nach vier Jahrzehnten Frieden innerhalb eines Jahres das Reich Salomos zu spalten. Er zeigte sich völlig unzugänglich für den Rat weiser Mentoren, vielmehr hörte er auf die Empfehlungen junger, hitzköpfiger Ehrgeizlinge. Ein Bürgerkrieg brach aus. Die zwölf Stämme Israels trennten sich in ein Nord- und ein Südreich. Nur die Stämme Juda und Benjamin hielten zu Rehabeam. Über die übrigen Stämme im Norden wurde Jerobeam König.

Vielleicht hat Salomo die Tragödie im Leben seines impulsiven Sohnes kommen sehen. Jedenfalls packte ihn einmal mehr das Empfinden einer tiefen Sinnlosigkeit. Warum sich abrackern für etwas, das einem am Schluss zwischen den Fingern zerrinnt? Für etwas, das am Ende in falsche Hände gerät.

Der Prediger sagt: „Als ich das erkannte, begann ich zu verzweifeln." Jemand hat es so formuliert: „Wenn ein Irrtum im Mittelpunkt unserer Existenz steht und Nonsens am Ende, dann leben wir eine Illusion." Wenn jede Karte in unserer Hand ausgestochen werden kann, ist es dann nicht egal, wie wir spielen? Die Frage ist berechtigt. Salomo beantwortet sie erst später. So viel steht fest: Je mehr wir uns für etwas abgemüht haben, desto weniger scheint es fair und erträglich, dass wir über die Früchte unserer Arbeit nicht bestimmen können:

---

[3] Nasaw, David. *The Chief – The Life of William Randolph Hearst.* Houghton, New York.

> *Denn was bleibt dem Menschen von seiner Mühe*
> *und von all seinen Plänen? Sein Leben lang hat er nichts*
> *als Ärger und Sorgen, sogar nachts findet er keine Ruhe!*
> *Und doch ist alles vergeblich. (Prediger 2,22-23 Hfa)*

Salomo ist ein 1000-Jahre-vor-Christus-Mensch mit einer Depression, die ins 21. Jahrhundert passt. Er stellt mehr Fragen, als er beantworten kann.

Wir kommen ins Grübeln. Stress, Ärger, Zukunftsangst und Sorgen plagen uns. Deprimierende Gedanken entwickeln eine Dynamik, die jede Lebensfreude raubt. Da sind die Worte Jesu im Neuen Testament unwahrscheinlich tröstlich. Er sagt:

> *Habt keine Angst vor der Zukunft! Es ist doch genug,*
> *wenn jeder Tag seine eigenen Lasten hat. Gott wird auch morgen*
> *für euch sorgen. (Matthäus 6,27 Hfa)*

Wenn das stimmt, dann können wir uns Grübeleien ersparen. Würden wir das ernst nehmen, dann könnte es uns vielleicht auch gelingen, unsere verkrampften Leistungsziele wenigstens ein bisschen zu lockern.

Salomo beendet den Abschnitt so, wie er ihn begonnen hat: „Was bleibt dem Menschen von seiner Mühe und von all seinen Plänen?" Die Antwort auf seine rhetorische Frage lautet: Es gibt nichts, was dem Menschen dauerhafte Zufriedenheit vermitteln könnte. Und doch ist der Prediger kein Pessimist. Seine Desillusionierung will uns die Augen für eine andere Realität öffnen.

Gib Gott Raum!

> *Das Beste, was ein Mensch da tun kann, ist: essen und trinken*
> *und die Früchte seiner Arbeit genießen. Doch das kann nur Gott*
> *ihm schenken! Denn wer kann essen und genießen ohne ihn?*
> *(Prediger 2,24-25 Hfa)*

Essen, trinken und den Erfolg der Arbeit genießen – das ist es doch, was wir wollen. Das Problem ist nur: Genuss als Selbstzweck bringt's nicht. Der Prediger weiß das aus eigener Erfahrung. Jetzt bringt er Gott ins Spiel. Salomo sagt nicht nur: „Alle guten Gaben kommen von Gott", er behauptet auch, dass die Fähigkeit, diese Gaben zu genießen, ebenfalls von Gott kommt. Der Landwirt, der einmal beim Tischgebet betete: „Danke für das Essen und für eine gute Verdauung" hat präzise verstanden, wovon der Weise sprach. Salomo betrachtet es als leidvoll, wenn jemand Gottes Segnungen nicht auskosten kann.

Es ist leicht zu verstehen, weshalb die Israeliten anlässlich des Laubhüttenfestes jeweils aus dem Buch Prediger vorlesen. Von den drei Jahresfesten, die mit einer Wallfahrt nach Jerusalem verbunden waren, war das Laubhüttenfest das fröhlichste und volkstümlichste aller Feste. Es ist die Zeit des Erntedanks und der unbändigen Freude über Gottes Fürsorge.

„Wer kann genießen ohne ihn?" Wenn es jemand gibt, der dieses Leben auskosten kann, ohne dass am Morgen danach der Kater folgt, dann ist es doch Gottes Volk. (Leider sieht die Realität oft anders aus. Manche Christen erwecken den Eindruck, als seien sie mit Zitronensaft getauft worden.)

Sechsmal in diesem Buch wird Salomo diesen Refrain wiederholen, so wichtig ist er. Das gesamte Tagebuch lässt sich anhand dieses Refrains aufgliedern. Prediger 2,24 markiert daher den entscheidenden Wendepunkt in diesem Kapitel. Ohne Gott im Bild bleibt das ganze Streben der Spaß-Generation eine Leerlaufübung.

Salomo kam zur Einsicht: Der Zweck des Lebens liegt nicht allein in Sun and Fun. Die guten Dinge des Lebens: Gesundheit, Geld, Besitz, Prestige, Anerkennung, sinnliches Vergnügen, all das entgleitet uns irgendwann. Genuss ohne Gott hat ein Verfallsdatum. Ein sehr kurzes im Blick auf die Ewigkeit. Nur derjenige, der diese guten Dinge als befristete Gaben aus Gottes Hand entgegennimmt, lernt, zufrieden zu sein. Daher der Rat: Gib Gott Raum!

Und wie kriegt man das hin? Für den Sucher bedeutet es: Ich lasse einfach mal die Frage an mich heran: Was wäre, wenn ...? Was wäre, wenn die Bibel wahr wäre? Was wäre, wenn Gott kein Produkt frommer Einbildung wäre? Was wäre, wenn mein Image als Saubermann nicht das wäre, das ich mir einbilde? Was wäre, wenn ich die Sache mit der Vergebung wirklich ernst nähme?

Gott Raum zu geben bedeutet für die, die ihn kennen, mit dem Naheliegenden zu beginnen. Fang an, deine Augen für die guten Gaben Gottes zu öffnen! Statt stetig zu meckern, werde ein Visionär! Entwickle eine Sicht für das Dankenswerte! Statt Forderungen und Ansprüche zu stellen, statt stetig überzogene Erwartungen zu hegen, trainiere deine Augen für das, was Gott dir täglich schenkt! Wie sagt doch Paulus:

> *Orientiert euch an dem, was wahrhaftig, gut, gerecht, was anständig, liebenswert und schön ist. Wo immer ihr etwas Gutes entdeckt, das Lob verdient, darüber denkt nach.*
> *(Philipper 4,8 Hfa)*

Der Prediger schließt seinen Diskurs mit einem Kontrast:

> *Dem Menschen, der ihm gefällt, gibt er Weisheit, Erkenntnis und Freude. Doch wer Gott missachtet, den lässt er sammeln und anhäufen, um dann alles dem zu geben, den er liebt. Dann war die ganze Mühe des einen vergeblich, als hätte er versucht, den Wind einzufangen. (Prediger 2,26 Hfa)*

Das riecht nach einem simplizistischen Weltbild: auf der einen Seite die lieben Christen, denen Gott alles schenkt; auf der anderen Seite die bösen Ungläubigen, denen er alles nimmt. Aber Fehlanzeige: Die Weisheitsbücher erkennen sehr wohl die Tatsache an, dass der Gerechte – wie etwa Hiob – oft leidet und dass es manchen gottfernen Menschen in diesem Leben erstaunlich gut geht. Salomo wird später auf dieses Dilemma zurückkommen.

28

Salomo ist kein Naivling. Er sagt: Wer Gott aus seinem Leben ausklammert, wird sammeln und sich abrackern, er wird anhäufen und sich aufreiben. Aber am Schluss kann er doch nichts Bleibendes vorweisen. Ohne Gott bleibt die ganze Mühe tatsächlich ohne Sinn.

Spaß als Lebensziel greift zu kurz.
Gottes Gaben kann nur richtig genießen, wer den Geber kennt.

Fenster zum Alltag

Solange alles rund läuft, sehen wir keinen Grund, nach Gott zu fragen. Ein Denkfehler mit Folgen! Leben und Tod, Weisheit und Wohlstand kommen aus Gottes Hand. Das Leben ist nicht logisch, vernünftig oder geordnet. Oft verläuft es chaotisch. Unser Glaube muss gelebt werden – mitten im Chaos. Genau da ist der Rat Salomos eine praktische Hilfe.

Gönne dir Gutes!

Wir Menschen leben zwischen zwei Extremen. Gier nach Überfluss ist das eine Extrem. Oft sehnen wir uns nach Dingen, die wir gar nicht brauchen und an denen wir nachher auch keine Freude haben. Auf der anderen Seite steht der Puritaner: freudlos, berechnend, geizig. Stell dir vor, du müsstest in einem Streitgespräch zwischen den beiden Positionen vermitteln. Wieso soll der Mensch auf der Überholspur Verzicht üben, und wie kann man das lernen? Woran leidet der Asket, und wie kann er ein lebensfroherer Mensch werden? Bedenke die Aussage des Paulus in 1. Timotheus 6,17-19.

Grüble nicht!

Jeder Mensch erlebt Zeiten der Krise. Tage, wo man alles hinterfragt. Grübelphasen, wo nichts mehr Sinn macht, bis hin zur depressiven Verstimmung. Das ist jedoch nicht, was Salomo mit seiner Argumentation in Prediger 2,12-23 bezweckt. Bitte lies den Abschnitt und markiere die drei wichtigsten Aussagen. Versuche, dazu je ein positives Gegenargument im Neuen Testament zu finden. Zum Beispiel: Salomo fragt: „Was bringt es, nach Weisheit zu streben?" Paulus gibt darauf eine praktische Antwort in Kolosser 1,9-10. Nicht der Grübler, sondern der Glaubende findet Hilfe.

Gib Gott Raum!

Dankbarkeit ist kein Markenzeichen der modernen Gesellschaft, auch nicht der christlichen. „Lieber Gott, wir danken dir für gar nichts; wir haben für alles selber bezahlt." Zwar würden wenige laut so beten, aber so verdreht denken wir zuweilen. Diskutiere in deiner Kleingruppe darüber, wie man kleine Kinder, Jugendliche, Erwachsene oder nicht zuletzt sich selbst zu einer dankbaren Lebensperspektive erzieht. Lass dich bei der Vorgehensweise von Philipper 4,8 inspirieren.

Kapitel 3
Zeit und Schicksal

Prediger 3

Berechenbar, verhinderbar, kontrollierbar? Menschen tendieren dazu, manche Risiken zu unterschätzen. So vieles, was unseren Alltag bestimmt, ist unberechenbar. „Warum ich?", schreibt der Philosoph Michael Gelven, sei die wahrscheinlich tiefste Frage, die wir stellen können. In einer Welt, in der scheinbar der Zufall regiert, gibt es darauf keine einfache Antwort.

Die 70-jährigen Zwillingsbrüder Lauri und Elmer Impola lebten im finnischen Städtchen Raahe, 600 Kilometer nördlich von Helsinki. Am Morgen des 5. März 2002 bestieg Lauri wie jeden Tag sein Fahrrad und machte sich trotz eines Schneesturms ins nahe gelegene Pattijoki. Er bog in die Schnellstrasse 8 ein, ohne im dichten Schneetreiben den Lastzug zu bemerken, der sich mit hohem Tempo näherte. Lauri wurde von ihm erfasst und war sofort tot. Eindreiviertel Stunden später starb sein Zwilling – auf die gleiche Weise: Ein Lkw hatte auch Elmer erfasst. Auch Elmer war mit dem Fahrrad auf der Schnellstrasse 8 unterwegs gewesen, in entgegengesetzter Richtung, von Pattijoki nach Raahe. Er wurde genau 1120 Meter entfernt von jener Stelle getötet, an welcher sein Bruder kurz zuvor ums Leben gekommen war. ‚Es war schwer vorstellbar, dass dies Zufall gewesen sein sollte', erinnert sich der Polizeiinspektor, der am nächsten Tag die Ermittlungen aufnahm. Fast ganz Raahe dachte, der zweite Zwilling habe sich aus Trauer umgebracht. Das hätte alles erklärt. Die Untersuchung zeigte jedoch, dass sich Elmer nur auf den Weg zu einem Friseurtermin gemacht hatte, in bester Stimmung und ohne vom Tod seines Bruders zu wissen. An einen bizarren Zufall wollte die Familie dennoch nicht glauben. ‚Es war ihre Bestimmung‘, erklärte der Neffe der Zwillinge. Die Schwester der beiden dachte an eine Verschwörung. Die Wahrscheinlichkeit, dass so etwas zufällig passiert, erklärte sie, existiere gar nicht.[4]

Vielleicht hätte die Schwester Aristoteles lesen sollen. „Es ist wahrscheinlich“, stellte der fest, „dass das Unwahrscheinliche geschieht.“ Tatsache ist: Wir können nicht zugeben, dass gewisse Dinge grundsätzlich nicht durchschaubar sind. Wir versuchen, Sinn im scheinbar Sinnlosen zu finden. Im Bestreben, das Unverständliche zu erfassen und dem Widersinnigen eine Struktur zu geben, haben Philosophen verschiedene Erklärungen gesucht. Einer dieser Denker war Salomo. Es ist, als ob er wusste, dass am Ende des zweiten Kapitels für den Leser Fragen auftauchen werden. Jedenfalls beginnt er den nächsten Abschnitt mit einer kategorischen Aussage:

> *Alles, was auf der Erde geschieht,*
> *hat seine von Gott bestimmte Zeit. (Prediger 3,1 GNB)*

Das ist ein beunruhigendes Statement. Bedeutet es doch, dass wir nach einer Melodie (oder mehreren Melodien) tanzen, die wir nicht selber spielen. Dazu kommt: Die von Gott festgelegte Zeit ist beschränkt. Nichts, wonach wir streben, hat dauerhaften Bestand. Wir investieren vielleicht all unsere Energie in irgendein Projekt, das Befriedigung verheißt. Doch wie frei sind wir in unserer Wahl? Wie bald werden wir genau das Gegenteil von dem tun, was wir uns vorgenommen haben? Vielleicht

---

[4] FOCUS, 17/2004, S. 103, *Die Magie des Zufalls.*

sind unsere Entscheidungen gar nicht so frei, wie wir meinen. So gesehen scheint die unaufhörliche Abfolge der Lebenszyklen, von denen Salomo in der Einleitung spricht, eher ernüchternd.

Wechselhafte Zeit – Leben mit Veränderungen

Alles, was auf der Erde geschieht, hat seine von Gott bestimmte Zeit (V. 1): Geboren werden und Sterben, Pflanzen und Ausreißen, Töten und Heilen, Niederreißen und Aufbauen, Weinen und Lachen, Klagen und Tanzen, Steinewerfen und Steinesammeln, Umarmen und Loslassen, Suchen und Finden, Aufbewahren und Wegwerfen, Zerreißen und Zusammennähen, Reden und Schweigen, Lieben und Hassen, Krieg und Frieden.
(Prediger 3,1 GNB; 2-8 Hfa)

Man muss kein Philosoph sein, um zu erkennen, dass zum normalen Leben verschiedene Phasen gehören. Wie Jahreszeiten sind uns bestimmte Lebensabschnitte verordnet. Von Geburt bis zum Tod sind wir einer unberechenbaren Abfolge von Veränderungen unterworfen, die insgesamt den Plan Gottes mit uns ausmachen.

In seiner berühmten Aussage präsentiert Salomo 14 Kontrastpaare. Die Aufteilung der Doppelgruppe von zweimal sieben soll den Gedanken der Vollständigkeit vermitteln. Der Prediger sagt damit: Es spielt keine Rolle, wo jemand lebt. Von der Wiege bis zur Bahre ist alles, was dazwischen liegt, einem steten Wandel unterworfen.

Der Tag wird kommen, an dem du einen Anruf kriegst. Dir wird vielleicht mitgeteilt, dass deine Mutter gestorben ist. Dann wird es eine Zeit zum Weinen geben. Aber das dauert nur eine Weile, denn dann wird es wieder eine Zeit geben, wo du befördert wirst oder in eine schöne Wohnung umziehst, und dann wirst du lachen. Salomo sagt: So ist das Leben. Du wirst Kinder haben und dich an ihnen freuen. Eines Tages aber wirst du wegen genau diesen Kindern leiden. Es gibt Zeiten des Glücks und Zeiten des Schmerzes.

Es wird eine Zeit geben, wo du etwas kaputt machst, und eine Zeit, wo du etwas Konstruktives aufbaust. Es gibt Zeiten, in denen du andere umarmst, und Zeiten, wo du niemanden ausstehen kannst.

Es gibt Zeiten, wo du voll Hoffnung bist, und Phasen, wo du nur noch aufgeben willst. Was dir gehört, wird dir für eine Weile gefallen, aber eines Tages kommt der Moment, wo du es weggibst.

Es wird Zeiten geben, wo du zur Liebe motiviert bist, und solche, wo Hass dich bewegt.[5]

Zeile für Zeile lässt der Weise die normalen Erfahrungen des Lebens vorbeiziehen. *Alles ist in stetem Fluss und geschieht doch nicht ohne Gottes Einfluss.*

Der 22. November 1963 ist ein unvergessliches Datum für jene von uns, die alt genug sind, um sich zu erinnern. An diesem Tag wurde John F. Kennedy in Dallas erschossen. Eine ganze Nation war im Schockzustand und überwältigt von einem Ereignis, das niemand verhindern konnte. Ironischerweise stellte sich heraus, dass Präsident Kennedy an jenem Tag geplant hatte, in seiner Rede genau diesen Abschnitt aus Prediger 3 zu zitieren.

Diese kuriose Begebenheit hat mir den Sinn dieses Gedichtes noch stärker ins Bewusstsein gerückt. Salomo wollte seinen Lesern nicht sagen, sie müssten sich um das richtige Timing ihrer Entscheidungen kümmern (so hätte Kennedy vermutlich das Zitat angewandt). Eigentlich trifft das Gegenteil zu: Der

---

[5] Prediger 3,2–8: „Töten und Heilen", „Töten" bedeutet nicht, einen Mord zu begehen. Die hebräische Sprache hat für „töten" ein spezielles Wort, das auch in den Zehn Geboten Verwendung findet. Beim „Töten" ist vermutlich die Todesstrafe gemeint oder die Liquidierung von Feinden im Krieg.

Prediger mahnt uns, *die festgelegten Lebensphasen ohne Auf-lehnung gegen Gottes Timing anzunehmen.*

Fazit: Wer es akzeptiert, dass unsere Freiheit eingeschränkt ist, dass wir nicht alle unsere Lebensumstände kontrollieren können, wird gefasster und gelassener auf die guten und die weniger guten Veränderungen seines Lebens reagieren.

Festgelegte Zeit – Leben mit Plan

Was also hat der Mensch davon, dass er sich abmüht?
Ich habe erkannt: Gott legt ihm diese Last auf, damit er schwer
daran zu tragen hat. (Prediger 3,9-10 Hfa)

Aufaddiert und zusammengenommen: Was bringt das alles? Der Weise blendet zurück zum Anfang seines Tagebuchs: „Welchen Gewinn hat der Mensch von all seinem Mühen, mit dem er sich abmüht unter der Sonne?" (vgl. 1,3). Die Antwort lautet: Alles Leben entfaltet sich unter der Regie der Vorsehung: Geburt, Tod, Wachstum, Ernte, Freude, Schmerz, Reden, Schweigen, Krieg und Frieden. Weil alles eine festgelegte Zeit hat, kann keiner sich einbilden, er verfüge völlig frei über sein Leben. Diese „Last" ist uns auferlegt. Ich mag mich dagegen wehren, aber es ändert nichts an der Tatsache:

Für alles auf der Welt hat Gott schon vorher die rechte Zeit bestimmt. In das Herz des Menschen hat er den Wunsch gelegt, nach dem zu fragen, was ewig ist. Aber der Mensch kann Gottes Werke nie voll und ganz begreifen. So kam ich zu dem Schluss, dass es für den Menschen nichts Besseres gibt, als sich zu freuen und das Leben zu genießen. Wenn er zu essen und zu trinken hat und sich über die Früchte seiner Arbeit freuen kann, ist das allein Gottes Geschenk. (Prediger 3,11-13 Hfa)

Salomo ist kein Pessimist. Trotz der „Last", die uns auferlegt ist, gibt es auch die heitere Seite. Da spielt auch eine lebensfrohe

Melodie mit. Wörtlich heißt es in Vers 11: „Alles hat er schön (oder auch: passend) gemacht zu seiner Zeit, auch hat er die Ewigkeit in ihr Herz gelegt…"

Selbst jene Ereignisse im ersten Abschnitt, die für sich genommen alles andere als „schön" sind, werden als integrierter Teil von Gottes Gesamtplan eine wertvolle Bedeutung bekommen. Der Satz: „Er hat die Ewigkeit in ihr Herz gelegt" weist darauf hin. Wir sind besorgt um die Zukunft, wir möchten Gottes Plan erkennen. In uns steckt ein Sehnen nach Sinn. Wir ahnen, dass es mehr gibt als nur Arbeiten, Essen und Schlafen. Aber: „Der Mensch kann Gottes Werk nie voll und ganz begreifen." Wörtlich steht da, er kann es „von Anfang bis Ende" nicht begreifen. Er versteht nicht einmal teilweise, sondern überhaupt nicht.

Wo führt uns das hin? Zu welchem Schluss kommt der Weise? Wir sollen unsere begrenzten Tage auskosten. Das haben wir bereits gehört. Die Aussage ist so zentral, dass sie etliche Male wiederholt wird (vgl. Prediger 2,24; 3,22; 5,18-19; 8,15; 9,7-9). Weil kein blinder Zufall über uns regiert, sondern Gott, der in unser Herz die Sehnsucht nach der Ewigkeit gelegt hat, ist die Freude am Vergänglichen möglich und wird sogar zur Vorfreude auf das Unvergängliche.

Der Prediger zieht noch eine zweite Bilanz:

Ich erkannte, dass alles, was Gott tut, für ewig sein wird.
Es ist ihm nichts hinzuzufügen und nichts davon wegzunehmen.
Und Gott hat es so gemacht, damit man sich vor ihm fürchtet.
(Prediger 3,14 Elb)

Was immer sich auch ereignet oder noch ereignen wird – alles ist
schon einmal dagewesen. Gott lässt von neuem geschehen,
was in Vergessenheit geriet. (Prediger 3,15 Hfa)

Beachte: Salomo sagt nicht einfach *„Don't worry – be happy"*, das würde zu kurz greifen. Er sagt: „Gott hat es so gemacht, dass man sich vor ihm fürchtet". Weil wir in Gottes umfassende Pläne für unser Leben nicht eingeweiht sind, ist ein gesunder Respekt vor seiner souveränen Macht mehr als nur angebracht.

Fazit: Die Wechselfälle des Lebens sind keine Zufälle. Gott führt Regie. Sein Masterplan soll in uns beides bewirken: Furcht und Freude. Ehrfurcht darüber, dass letztlich Gott über unsere Agenda verfügt – und Freude darüber, dass er uns so viele gute Tage zugesteht.

Rätselhafte Zeit – Leben mit Widersprüchen

Ich habe beobachtet, wie es auf dieser Welt zugeht: Wo man eigentlich Recht sprechen und gerechte Urteile fällen sollte, herrscht schreiende Ungerechtigkeit. Doch dann dachte ich: Am Ende wird Gott den Schuldigen richten und dem Unschuldigen zum Recht verhelfen. Denn dafür hat er eine Zeit vorherbestimmt, so wie für alles auf der Welt. (Prediger 3,16-17 Hfa)

„Ich habe beobachtet, wie es auf dieser Welt zugeht." Und was geht da ab? Wo du hinschaust, herrscht himmelschreiende Ungerechtigkeit. Ein Blick in die Zeitung genügt, um dir den Tag zu vermiesen. Der Prediger fragt: Wie kann Gottes Plan perfekt sein, wenn es so viel Unrecht, so viel Unterdrückung gibt? Seine Antwort: Gott schaut nicht weg. Er ignoriert Verfehlungen nicht. Er wird den Schuldigen richten. Nicht augenblicklich, aber unausweichlich. Zur vorherbestimmten Zeit. Die Tatsache, dass alles auf dieser Welt einem wechselnden Zyklus unterworfen ist (das dominante Thema von Prediger 3), verspricht ja immerhin auch ein absehbares Ende der Bosheit und des Machtmissbrauchs. Im nächsten Kapitel wird sich Salomo auch dazu äußern.

Vieles verstehen wir nicht, vieles bleibt im Nebel hängen. Aber eines ist sicher: Gott übersieht keinen. Wenn er die Auflehnung seiner Kinder nicht folgenlos hinnimmt, warum sollte er den Gottfernen ignorieren (vgl. 1. Petrus 4,17 und 1. Korinther 11,32)? Nein, jeder steht auf dem Prüfstand:

> *Ich habe begriffen, dass Gott die Menschen prüft. Sie sollen erkennen: Nichts unterscheidet sie von den Tieren. Denn auf Mensch und Tier wartet das gleiche Schicksal: Beiden gab Gott das Leben, und beide müssen sterben. Der Mensch hat dem Tier nichts voraus, denn auch er ist vergänglich. Sie alle gehen an denselben Ort – aus dem Staub der Erde sind sie entstanden, und zum Staub der Erde kehren sie zurück ... So erkannte ich: Ein Mensch kann nichts Besseres tun, als die Früchte seiner Arbeit zu genießen – das ist sein einziger Lohn. Denn niemand kann sagen, was nach dem Tod geschehen wird. (Prediger 3,18-22 Hfa)*

Unterwegs von Staub zu Staub! Zum Schluss werden wir mit der Tatsache des moralischen Zusammenbruchs im Garten von Eden konfrontiert und mit der Ironie, dass der Mensch wie ein Tier stirbt, weil er sich anmaßte, wie Gott zu sein.

„Sie alle gehen an denselben Ort." Nüchtern betrachtet stellen wir fest: Ein toter Mensch und ein toter Hund sehen so aus, als ob mit beiden dasselbe geschehen ist. Und so lebt auch die große Mehrheit der Menschheit, als ob es überhaupt keinen Unterschied gäbe. Beide treten ab, und das ist es dann gewesen. Ende der Show. So wenigstens scheint es.

Der Mensch hat dem Tier nichts voraus. Weder im Blick auf die Vergänglichkeit noch im Hinblick auf manche Verhaltensweisen. Der *Homo erectus* ist zwar im Bilde Gottes geschaffen, aber oft kann er sich durchaus tierisch verhalten: gierig, listig, grausam, triebgesteuert, unberechenbar, aggressiv, bissig. Im Bilde Gottes geschaffen und verhaltensmäßig oft genug auf dem Niveau eines primitiven Tieres – was für ein Widerspruch! Ich möchte immer weniger mit diesem Zwiespalt leben. Und du hoffentlich auch.

Am Ende seines Tagebuches macht Salomo klar, dass sehr wohl ein Unterschied besteht, zumindest im Bestimmungsort des Menschen (vgl. Prediger 12,7 und Psalm 49,13-16). Auch wenn der *Homo sapiens* sich wie ein Tier benimmt und auch so stirbt: Das Grab ist niemals seine Bestimmung. Das ist der Grund, weshalb Christus sein Leben gab. Das ist der Grund, weshalb er ans Kreuz ging, um uns aus der untersten Schublade herauszuholen. Wir sind auf Ewigkeit angelegt...

Der Prediger schließt mit einer positiven Note: „Freue dich am Leben, solange es möglich ist." „Niemand kann sagen, was nach dem Tod geschehen wird." Oder anders übersetzt: „Wie sollte er sich auch freuen an dem, was erst nach ihm sein wird?" Es gibt auf dieser Seite der Ewigkeit keine zweite Chance, für Gott zu leben. Keiner von uns kennt die Zukunft. Weil Gott aber über allem Rätselhaften steht, kann ich gelassen bleiben und eine Tasse Cappuccino trinken.

Tommy Nelson hatte einen Freund. Der schuftete wie gestört, um vorzeitig in Pension gehen zu können. Er entsagte sich vieles und schaffte es mit 55, das Büro zu räumen. Auf seiner Pensionierungsparty gab es Pizza. Dann stand er auf und dankte allen seinen Freunden von ganzem Herzen: „Danke, danke, danke, dass ihr gekommen seid." Dann wurde ihm schwindlig. Er musste zum Arzt.

Sein Schwindel stammte von einem Hirntumor. Sechs Monate später war er tot. „Freue dich am Leben, solange es möglich ist."

Reifende Zeit – Leben mit Einsicht

Salomo hat uns mit drei Tatsachen konfrontiert:

- Das Leben verläuft nicht linear – rechne mit Umbruch!
- Gott führt Regie – beuge dich vor seinem Plan!
- Vieles bleibt unverständlich – nimm es gelassen und vergiss nicht zu lachen!

Wer versucht, sein Leben autonom zu führen, wird wie Salomo feststellen, dass er sich ruhelos im Kreis dreht. Manche unserer Probleme haben ihre Ursache darin, dass wir selber Gott spielen wollen: „Ich bin der Meister meines Schicksals, der Kapitän meiner Seele." Der Gedanke ist nicht neu. Salomo schreibt im Buch der Sprüche (1,7): „Alle Erkenntnis beginnt damit, dass man Ehrfurcht vor dem Herrn hat."

Solange wir nicht kapieren, dass Gottes Weisheit tatsächlich unserer eigenen überlegen ist, haben wir nicht begriffen, was Gottesfurcht bedeutet. Darum geht es aber im dritten Kapitel des Predigerbuchs. Die Wechselhaftigkeit des menschlichen Lebens und die Rätselhaftigkeit eines komplizierten Alltags müssen zur Erkenntnis führen: Ich brauche Gelassenheit und Einsicht. Paulus betet in seinem Brief an die Epheser für dieses Anliegen:

> *Ich bitte den Gott unseres Herrn Jesus Christus, den Vater, dem alle Macht und Hoheit gehört, euch Weisheit zu geben, sodass ihr ihn und seinen Plan erkennen könnt. Er öffne euch die Augen, damit ihr das Ziel seht, zu dem ihr berufen seid ... dann werdet ihr erkennen, wie überwältigend groß die Kraft ist, mit der er in uns, den Glaubenden, wirkt. (Epheser 1,17–19 GNB)*

Das Geheimnis der Einsicht liegt in der Wahrnehmung der Hand Gottes im Alltäglichen. Im Umbruch. Im Widerspruch. Im Unverständlichen. Im Schmerzlichen. Aber ebenso im Heiteren, im Fröhlichen, im Unbeschwerten.

> *Gott ist souverän.*
> *Das heißt, es gibt genau genommen keine Zufälle.*
> *Nichts geschieht von ungefähr.*
> *Was Gott in deinem Leben tut, ist wichtig,*
> *aber nimm dich selbst nicht zu wichtig.*

Fenster zum Alltag

Keiner hat darum gebeten, geboren zu werden – und die wenigsten bestimmen den Termin ihres Abgangs. Egal, wie man es dreht, uns fehlt der Durchblick. Den hat nur einer. Er wartet auf dich.

Wechselhafte Zeit – Leben mit Veränderungen

„Man weiß nie, was daraus wird, wenn die Dinge sich ändern, aber weiß man denn, was daraus wird, wenn die Dinge sich nicht ändern?"

Elias Canetti

Die Dinge *werden* sich ändern, ob wir es wollen oder nicht. Welcher Umbruch in deinem Leben bereitet dir momentan Mühe? Wie lässt sich daraus geistlicher Gewinn ziehen? (vgl. 2. Thessalonicher 1,3-4)

Festgelegte Zeit – Leben mit Plan

Zu wissen, dass Gott weise und souverän handelt, ist das Einzige, was dich aufrechterhält, wenn er in deinem Leben auf den schwarzen Tasten spielt. Diskutiere die tröstlichen Aspekte der Vorherbestimmung Gottes. Römer 8,38-39 ist ein geeigneter Startpunkt.

Rätselhafte Zeit – Leben mit Widersprüchen

Im Bilde Gottes geschaffen, aber im Benehmen auf dem Niveau eines Tieres. Welche eigenen Verhaltenswidersprüche stören dich? 1. Thessalonicher 5,23-24 bietet eine ermutigende Hilfestellung. Was entdeckst du da?

Reifende Zeit – Leben mit Einsicht

(In der Kleingruppe oder für dich persönlich): Überdenke ein Beispiel, wo du Gottes Hilfe erfahren hast. Lässt sich daraus eine Einsicht über sein Wirken ableiten? Lies Epheser 1,17-19.

Kapitel 4

Es ist nicht fair

Prediger 4

Wenn vom Kolonialwarenladen die Rede ist, kommt Gemütlichkeit auf. Die gute alte Zeit. Doch so gut war diese Zeit nicht, und der Begriff „Kolonialwaren" ist historisch in einem ungemütlichen Umfeld angesiedelt: dem Sklavenhandel. Schauplatz Nantes, 18. Jahrhundert: Für die Großmacht Frankreich war die Stadt am Atlantik der wichtigste Hafenplatz für den Überseehandel. Dort wurden Schiffe mit teurer Ware beladen: feinste Seidentücher, beste Baumwolle, Essbesteck, Krüge, Porzellanwaren, Branntwein, Waffen, Schießpulver etc. Die Schiffe legten ab mit Ziel Ghana (damals „Goldküste"), Nigeria und andere westafrikanische Küstengebiete, wo sich die großen Sklavenmärkte befanden.

In Afrika wurden die Waren gegen Menschen eingetauscht. Für die Händler war es ein Geschäft Ware gegen Ware. Dicht gereiht, eingepfercht und angekettet wurde die schwarze Fracht auf die Schiffe geladen. 10-15 Prozent der Gefangenen starben auf der Überfahrt in die Karibik. In der französischen Kolonie Haiti wurden die Sklaven an die Plantagenbesitzer verkauft. Den Erlös setzten die Händler in Kolonialwaren um. Dann kehrte das Schiff mit Zucker, Kakao, Kaffee und anderen exotischen Gütern nach Europa zurück. Ein profitables Geschäft. Allerdings mit Nebenwirkungen. Ein Betroffener erinnert sich:

> Die Schwarzen wurden im zum Bersten gefüllten Unterdeck wie Vieh gehalten. In Schmutz, Notdurft und unerträglichem Gestank erstickte man beinahe. Wer vor Übelkeit das Essen verweigerte, wurde auf Deck

43

ausgepeitscht. Gleich verfuhr man mit jenen, die über Bord zu springen versuchten, um durch den Tod dem Elend zu entrinnen. Auch er selbst wäre gern gesprungen, schreibt Equiano, doch oben wurde man scharf bewacht, während unten die schmerzenden Ketten die Lage noch verschlimmerten. Das Schreien der Frauen und das Ächzen der Sterbenden machten das Ganze zu einer Szene des unvorstellbaren Grauens.[6]

Rassenprobleme und die Misshandlung von Menschen sind keine Relikte der Vergangenheit. Das Problem ist heute so präsent wie damals, nur in anderer Form. In einer gefallenen Welt geschehen gemeine Taten.

Salomo argumentierte im dritten Kapitel, dass Gott die Regie über unser Leben führt. Wenn das stimmt, dann stellt sich natürlich die Frage: Wie lässt sich das Unrecht erklären, mit dem wir täglich konfrontiert werden? Der Prediger gibt zwei Antworten:

1. Gottes Zeit ist nicht unsere Zeit. Es wird ein Tag der Abrechnung kommen, an dem der gerechte Richter sein Urteil fällt (3,17).
2. Die leidvolle Tatsache der Ungerechtigkeit deckt eine animalische Komponente im Menschen auf. Wir sind nicht nur vergänglich wie das Vieh, wir haben auch bestimmte tierische Charakterzüge (3,18-19).

---

[6] NZZ, 9. Mai 2004, S. 76, *Weiße Herren, schwarze Fracht.*

Die Misshandlung des Hilflosen

Mut ist besser als Kleinmut

> *Dann wieder sah ich, wie viele Menschen auf dieser Welt aus-*
> *gebeutet werden. Die Unterdrückten weinen, und niemand setzt*
> *sich für sie ein. Keiner hilft ihnen, denn ihre Unterdrücker sind zu*
> *mächtig und schrecken auch vor Gewalt nicht zurück.*
> *(Prediger 4,1 Hfa)*

Salomo tritt als Augenzeuge von Korruption und Unterdrü-
ckung auf. Er sah das himmelschreiende Leid der Unterjochten.
Menschen wurden zu allen Zeiten entrechtet: Untertanen durch
Könige, Sklaven durch Besitzer, Arme durch Wohlhabende,
Ausländer durch Bürokraten. Asylanten, Waisen, Witwen und
Arme sind im Alten Testament aber als Sympathieträger Gottes
besonders hervorgehoben (vgl. Jeremia 7,5-7; Hesekiel 22,7;
Sacharja 7,10).

Zweimal wird in Prediger 4 erwähnt, dass sich für diese Men-
schen niemand einsetzt. Der doppelte Hinweis, dass sie ohne
Unterstützung ihrem Schicksal ausgeliefert sind, verstärkt den
Eindruck ihrer Hilflosigkeit.

Die Macht der Unterdrücker steht im Kontrast zu den Tränen
der Unterdrückten. Was diese brauchen, sind Helfer und Tröster. Doch Hiobs Erfahrung zeigt, dass menschliche Tröster oft
jämmerlich versagen (Hiob 16,2). Das ist hier der Punkt: Irdische Ressourcen schaffen kaum Linderung. Die Wirklichkeit ist
brutal. So brutal, dass Salomo, ähnlich wie Hiob (Hiob 3,3-11),
die Nichtexistenz der Existenz vorzieht:

> *Wie glücklich sind doch die Toten, sie haben es viel besser als die*
> *Lebenden! Noch besser aber geht es denen, die gar nicht erst gebo-*
> *ren wurden! Sie haben das schreiende Unrecht auf dieser Welt nie*
> *sehen müssen. (Prediger 4,2-3 Hfa)*

Eine drastische Lösung des Problems: Ungeboren ist besser als unterdrückt. Ein solches Verdikt scheint übertrieben, ist es aber nicht, denn der Prediger argumentiert mit der Perspektive „unter der Sonne".

Gott-loses Leid kann zu selbstmörderischer Todessehnsucht führen. Die rein horizontale Sicht des Lebens lässt wenig Raum für Hoffnung. Ohne Gott bläst ein kalter Wind. Wie anders sieht es aus für Menschen des Glaubens (vgl. Psalm 119,50).

Sollen Christen denn schreiendes Unrecht unwidersprochen hinnehmen? Sicher nicht. Das Neue Testament fordert zu sozialer Verantwortung auf:

> *„Jeder achte nicht nur auf das eigene Wohl,*
> *sondern auch auf das der anderen." (Philipper 2,4 EÜ)[7]*

Das Leid der Hilflosen darf uns nicht gleichgültig sein. Die Antwort auf die Frage: „Bin ich der Hüter meines Bruders?" (1. Mose 4,9) ist ein klares Ja. Unsere Möglichkeiten, auf Not zu reagieren, sind vielleicht beschränkt, aber Gott möge uns den Mut schenken, dort zu handeln, wo wir mit Notsituationen persönlich konfrontiert werden.

Der Neid des Eifersüchtigen

Weniger ist besser als mehr

Salomo macht eine weitere deprimierende Beobachtung: Menschen können in ihrem Konkurrenzdenken wie in ihrer Unterdrückung genauso grausam und gefühllos miteinander umgehen:

---

[7]   Vgl. Matthäus 22,37-39; 1. Johannes 3,17-18; Jakobus 1,27.

Nun weiß ich, warum die Menschen so hart arbeiten und so viel
Erfolg haben: Sie tun es nur, um die anderen in den Schatten zu
stellen! Auch das ist so sinnlos, als wollten sie den Wind einfangen.
Zwar sagt man: „Der dumme Faulpelz legt die Hände in den Schoß
und verhungert", ich aber meine: Besser nur eine Handvoll besitzen
und Ruhe genießen, als viel Besitz haben und alle Hände voll zu
tun. Denn im Grunde lohnt sich das nicht. (Prediger 4,4-6 Hfa)

Oft sind die Regeln der Geschäftswelt wie das Gesetz des Dschungels. Der Prediger sieht hinter der scheinfreundlichen Maske im Business die oft ruhelose Gier, andere zu übertrumpfen. Und wenn dann einer Erfolg hat, frisst der Neid die anderen auf. Rivalität hört nie auf, und Eifersucht kann zum Tyrannen werden, der uns zu unfairem Verhalten treibt (vgl. auch Sprüche 6,34 und 14,30).

Es scheint verlockend, den Bettel einfach hinzuschmeißen. Warum soll ich mich abrackern in einer Ellenbogengesellschaft, um nachher feststellen zu müssen, dass die Belohnung für den Erfolg die Eifersucht der anderen ist? Salomo warnt indes, dass eine solche Einstellung nicht als Rechtfertigung für Faulheit gelten kann. Um seine Logik zu untermauern, zitiert er im fünften Vers eine Spruchweisheit für den Faulen.

Wörtlich heißt es: „Der Tor legt seine Hände ineinander und verzehrt sein eigenes Fleisch." Das Bild des Selbstkannibalen illustriert das andere Extrem. Der Faule ruiniert sich selbst. Seine Trägheit lässt ihn verarmen. Statt brutale Konkurrenz der totale Ausstieg. Beides bringt's nicht. Der Weise plädiert für den Mittelweg: „Besser nur eine Handvoll besitzen und Ruhe genießen, als viel Besitz haben und alle Hände voll zu tun." In seiner Sprüchesammlung bringt Salomo es so auf den Punkt:

Lieber arm und Gott gehorsam als reich und voller Sorgen.
Lieber eine einfache Mahlzeit mit guten Freunden als ein Festessen
mit Feinden. (Sprüche 15,16-17 Hfa)

Kurz gefasst: Ein Lebensstil, von Neid und Rivalität getrieben, schneidet im Vergleich mit Genügsamkeit schlecht ab. Wer im Konkurrenzdenken verhaftet ist, baut keine Beziehungen auf, sondern verhindert sie.

Es folgt eine dritte Mahnung:

Die Zwanghaftigkeit des Getriebenen

Gelöst ist besser als gestresst

Noch etwas Sinnloses habe ich auf dieser Welt beobachtet: Manch einer lebt völlig allein, niemand ist bei ihm. Auch einen Sohn oder Bruder hat er nicht. Trotzdem arbeitet er ohne Ende und ist nie zufrieden mit seinem Besitz. Aber für wen mühe ich mich denn ab und gönne mir nichts Gutes mehr? Das ist doch kein Leben, so vergeudet man nur seine Zeit! (Prediger 4,7-8 Hfa)

Vor einiger Zeit begegnete ich einer Frau, die freimütig ihre Lebensgeschichte erzählte. Sie war in einer Arztpraxis tätig und investierte sich völlig in ihren Beruf. Selbst ihre Freizeit wurde so stark beansprucht, dass ihr kaum Gelegenheit blieb, Kontakte mit Freunden zu pflegen. Da starb ihr Arbeitgeber. Eine Reihe von Umständen führte dazu, dass die Frau heute isoliert lebt. Ohne Job, ohne Ersparnisse und vor allem ohne Freunde. Ein lebendiger Kommentar zu Prediger 4.

Man kann zwanghaft getrieben sein, sich für eine gute Sache einsetzen und dabei eine Spur von gescheiterten Beziehungen hinter sich herziehen. Man kann aus materiellen Gründen getrieben sein und dabei stetig unter Stress und Spannung stehen. Originalton Salomo: „Das ist doch kein Leben, so vergeudet man nur seine Zeit!" Christus hat es im Neuen Testament so formuliert:

„Was nützt es, die ganze Welt zu gewinnen und dabei seine Seele
zu verlieren? Gibt es etwas Kostbareres als die Seele?"
(Matthäus 16,26 NLB)[8]

Sinnsuche steht heute immer noch auf der Agenda. Die Tatsache, dass Gott einen souveränen Plan mit dieser Welt verfolgt, verkompliziert so manches: Da ist das Leid der Hilflosen (4,1-3), da ist die Rivalität der Neidischen (4,4-6), da ist der Stress der Getriebenen (4,7-8); wo du hinschaust: Ernüchterung.

„Manch einer lebt völlig allein, niemand ist bei ihm." Im verbleibenden Teil des Kapitels befasst sich der Prediger mit einer positiven Alternative zu diesem Dilemma:

Die Verlassenheit des Isolierten

Gemeinsam ist besser als einsam

Die Erfahrung mit zwanghaft getriebenen Menschen bewirkte, dass der Weise über den praktischen Wert von Freundschaften intensiver nachdachte. Er zitiert ein hebräisches Sprichwort:

> *Zwei haben es besser als einer allein, denn zusammen können sie mehr erreichen. Stürzt einer von ihnen, dann hilft der andere ihm wieder auf die Beine. Doch wie schlecht steht es um den, der alleine ist, wenn er hinfällt! Niemand ist da, der ihm wieder aufhilft! Wenn zwei in der Kälte zusammen liegen, wärmt einer den anderen, doch wie soll einer allein warm werden? Einer kann leicht überwältigt werden, doch zwei sind dem Angriff gewachsen. Man sagt ja auch: „Ein Seil aus drei Schnüren reißt nicht so schnell!"*
> *(Prediger 4,9-12 Hfa)*

---

[8] Hier geht es nicht um den Verlust der Erlösung, sondern um den Preis der Nachfolge für die Erlösten. Das Neue Testament setzt das Angebot der Welt oft in Kontrast zu dem, was einer Person geistlich nützt, vgl. 1. Korinther 1,20-21; Galater 2,20; 2. Petrus 1,4.

In Israel gab es natürlich keine asphaltierten Straßen und Wege. Nicht selten stürzten und verletzten sich Reisende. Alleine unterwegs zu sein war mit Risiken verbunden. Daher reiste man bei Tag oder bei Nacht meistens in Gruppen. Salomo beginnt mit der Zahl *eins* (im Vers 8: „da ist einer allein"); er fährt fort mit *zwei*, die besser sind als einer allein, und zuletzt reißt ein Seil aus *drei* Schnüren nicht so schnell. Dieser Zählmechanismus ist typisch für die hebräische Literatur (vgl. Sprüche 6,16; Amos 1,3.6.9). Eine einzelne Schnur reißt schnell, zwei Schnüre erfordern mehr Kraft und bei dreien ist der Aufwand wesentlich größer. Wenn zwei Reisende besser sind als einer, dann müssen drei noch besser sein. Der Philosoph hat jedoch mehr als nur Zahlen im Sinn. Hinter dem Wortspiel mit den Schnüren steckt das Bild einer soliden Freundschaft. Das Leben ist kalt, wenn du alleine bist. Wo du hinschaust, gibt es Konflikte, Unerfreuliches, Unberechenbares, Unerklärliches. Wo du hinschaust, gibt es Menschen mit Problemen. Menschen, die Ermutigung brauchen. Wir selber brauchen Zuspruch. Wir brauchen Freunde. Wenn es in Prediger 4 eine zentrale Aussage gibt, dann diese: Wir brauchen einander, denn „zwei haben es besser als einer allein." Natürlich hat ein unabhängiges Leben auch seine Vorteile. Aber es gibt auch schmerzliche Nachteile, und die werden mit zunehmendem Alter immer deutlicher.

Drei Beispiele illustrieren das Statement Salomos:

Gegenseitige Ermutigung, wenn wir schwach sind

„Stürzt einer, dann hilft der andere ihm wieder auf die Beine." Jeder hat seine persönlichen „Sturz-Erfahrungen" gemacht. Zeiten, wo wir gestrauchelt sind. Wie wertvoll ist es da, jemanden zu haben, mit dem man offen reden kann. Jemand, der als Begleiter nicht einfach wegläuft, wenn es ungemütlich wird. Dieses „Stürzt-einer"-Motto ist für Männer vielleicht besonders

wichtig. Manche von uns sind in Familien aufgewachsen, wo unterschwellig das Bild vermittelt wurde: Männer müssen hart im Nehmen sein. Sie beißen auf die Zähne und haben alles im Griff. Der Schein trügt. So cool, wie wir uns geben, sind wir nicht. Wir kennen unsere Schwächen nur zu gut, und eigentlich sehnen wir uns nach jemandem, der uns die Hand auf die Schulter legt, zuhört, Verständnis zeigt und sagt, was wir hören müssen.

Ein Freund ist jemand,
der dich kennt, so wie du bist,
der versteht, wo du herkommst,
und dich trotzdem behutsam ermutigt zu wachsen.

„Wie schlecht steht es um den, der alleine ist, wenn er hinfällt! Niemand ist da, der ihm wieder aufhilft!" Es gibt Abstürze, die so schwerwiegend sind, dass einer aus eigener Kraft nicht mehr hochkommt. Wie tröstlich, wenn es da eine kleine Gruppe oder auch nur einen einzelnen Ermutiger gibt, dem dein geistlicher Zustand nicht schnuppe ist. Paulus schreibt im Neuen Testament:

Wenn einer sich zu einer Verfehlung hinreißen lässt, meine Brüder, so sollt ihr, die ihr vom Geist erfüllt seid, ihn im Geist der Sanftmut wieder auf den rechten Weg bringen. (Galater 6,1 EÜ)[9]

Gegenseitige Unterstützung, wenn wir verletzlich sind

„Wenn zwei in der Kälte zusammen liegen, wärmt einer den anderen, doch wie soll einer allein warm werden?" Die Anwendung ist naheliegend. Reisende, die im Winter unterwegs waren, rückten logischerweise zusammen, um die Körperwärme zu bewahren.

---

[9] Vgl. Hebräer 12,12-13 und Jakobus 5,19-20.

Vor Jahren trampte ich mit einem Schulfreund durch die USA. Plötzlich überraschte uns im Yellowstone-Nationalpark ein früher Wintereinbruch. Das bedeutete, bei 25 Grad Kälte im ungeheizten Auto zu übernachten. Wir steckten unsere beiden Daunenschlafsäcke ineinander und schliefen Rücken an Rücken im selben Sack. Die gemeinsam erzeugte Wärme war ein wirksamer Frostschutz.

Die Aussage des Predigers geht hier natürlich über die physische Wärme hinaus. Wir brauchen auch Zuwendung, wenn wir verletzt worden sind. Leidvolle Erfahrungen können zur Erkältung der Seele führen: Mobbing in der Schule, Ausgrenzung am Arbeitsplatz, eine chronische Krankheit, Verlust eines Angehörigen, Entfremdung in der Ehe, eine Erziehungskrise, eine depressive Lebensphase... was auch immer – in solchen Situationen brauchst du einen Freund. Jemand, der mitfühlt. Einer, der dich wärmt. Gibt es so jemanden in deinem Leben?

Auf einen Freund kannst du dich immer verlassen; wenn es dir schlecht geht, ist er für dich wie ein Bruder. (Sprüche 17,17 Hfa)

Gegenseitige Bewahrung, wenn wir gefährdet sind

„Einer kann leicht überwältigt werden, doch zwei sind dem Angriff gewachsen." Es gibt Leute, deren Ziel es ist, andere zu demontieren: Verdächtigung, Verleumdung, Verunglimpfung, Vergeltung... manche Menschen haben die „Gabe", Unheil anzurichten. Ihre Angriffe lassen sich oft nicht abwehren – nur ertragen. In solchen Situationen brauchst du einen Freund. Eine Vertrauensperson. Jemand, der dir hilft, über den Horizont zu schauen.

Ein weiteres Problem kann Gefährdung durch *den* Feind schlechthin – Satan – sein. Dies nehmen wir oft gar nicht wahr, aber für manche Dinge gibt es schlicht keine rationale Erklärung. Christen wissen: Es gibt einen Widersacher, dessen Interesse darin besteht, uns auf die schiefe Bahn zu bringen. Er ist clever, und er hat ein Heer von Helfern, die uns einschüchtern würden, wenn wir sie am Werk sähen.

Auch da brauche ich einen Gebetspartner, jemanden, der mir nahesteht und geistliche Sensibilität besitzt. Jemand, der auch mal die Frage aufwirft: „Könnte es sein, dass hier der Böse sein Fangnetz auslegt? Könnte es sein, dass du dich hier auf feindlichem Territorium bewegst?" Zwei sind besser als einer – auch in solchen Situationen. Christus hat selbst gesagt:

> „Wo zwei oder drei in meinem Namen zusammenkommen, bin ich in ihrer Mitte." (Matthäus 18,20 Hfa)

In seinem Namen zusammenkommen heißt mehr, als nur gemeinsam zu beten. Es geht speziell darum, als Partner nach Gottes Willen zu fragen, wenn eine Situation heikel oder bedrohlich ist. Ich brauche einen Begleiter, insbesondere da, wo der Weg schwierig wird.

> *Es ist traurig, erst dann zu merken,*
> *dass man keine Freunde hat,*
> *wenn man Freunde nötig hat. Bedenke:*
> *Freunde findet, wer freundlich ist.*

Fenster zum Alltag

Seine Zeitgenossen haben Christus „einen Freund der Sünder" genannt. Die entscheidende Frage ist nicht, ob er *ein* Freund ist, sondern ob er *dein* Freund ist.

Wie schätzt du dich ein, wenn es darum geht, Freundschaften zu schließen? Beurteile dich selbst, indem du den folgenden Satz zu Ende führst:

„In der Regel ...“
- ☐ finde ich schnell Freunde.
- ☐ finde ich nur schwer Freunde.
- ☐ wechsle ich häufig meine Freunde.
- ☐ wechsle ich meine Freunde sehr selten.
- ☐ breche ich Freundschaften recht schnell ab.
- ☐ leide ich, wenn Beziehungen auseinandergehen.

Vielleicht möchtest du deine Selbstwahrnehmung in der Kleingruppe erläutern. Wie erklärst du dir dein eigenes Verhaltensmuster?

Gegenseitige Ermutigung

„Ein Freund ist jemand, der dich kennt, so wie du bist, der versteht, wo du herkommst, und dich trotzdem behutsam ermutigt zu wachsen.“

Gewichte die drei Aspekte des Zitats. Der Begriff „ermutigen“ bedeutet trösten und stärken. Wie geschieht das in der Praxis? Vgl. 2. Korinther 7,6; 1. Thessalonicher 3,2 und 4,18.

Gegenseitige Unterstützung

Leidvolle Erfahrungen kommen in unterschiedlichen Schattierungen. Mit welchen bist du vertraut? Schildere ein Beispiel, wo du selber Unterstützung durch Gottes Volk erfahren hast. Vgl. Rut 1,16.

Gegenseitige Bewahrung

Viele Fangnetze des Diabolos übersehen wir. Hast du Situationen erlebt, wo der Gegenspieler Gottes möglicherweise am Werk war? Bitte erläutere. Wie wäre es, wenn du in der Kleingruppe um geistliche Sensibilität in diesem Bereich bitten würdest? Vgl. 1. Samuel 18,1-3 und 23,15-16.

Kapitel 5
Worte und Werte

Prediger 5 und 6

Wochenlang hatte sich Markus auf das Klassenlager in Paris gefreut. 2000 Franken hatte der 18-jährige Banklehrling auf seinem Konto, als er letzten Herbst mit seinen Kolleginnen und Kollegen der Berufsschule in den Zug stieg. Jetzt hat Markus Schulden: 3000 Franken muss er seinen Eltern zurückzahlen, in monatlichen Raten von 150 Franken. Mehr als eineinhalb Jahre wird es dauern, bis der junge Mann wieder bei null anfangen kann. ‚Ich habe mir in Paris dies und das geleistet, auch mal die Kollegen eingeladen', versucht der Lehrling die hohen Kreditkartenbezüge und das Überziehen des Kontos zu erklären. Dummerweise habe er nie nachgerechnet, wie viel er eigentlich ausgegeben habe. Sein Guthaben auf dem Konto schmolz wie Butter an der Sonne. Markus hatte Glück im Unglück: Seine Eltern halfen ihm aus der Patsche. So blieben dem Banklehrling Betreibungen *(Zwangsvollstreckungen)* und Probleme am Arbeitsplatz erspart.[10]

Jeder vierte Deutschschweizer Jugendliche zwischen 14 und 24 Jahren lebt über seine finanziellen Verhältnisse. Der Anteil der verschuldeten 18- bis 25-Jährigen liegt in der Schweiz bei 30 Prozent. „Shoppen" gilt bei 85 Prozent aller Jugendlichen als wichtige Freizeitbeschäftigung. Als Gründe für die uferlose Anhäufung von CDs, Klamotten und Kosmetika gaben die Halb-

---

[10] Tages-Anzeiger, 27. Mai 2004, S. 53, *Kaum mündig, schon verschuldet.*

wüchsigen an: Frust im Leben, Stress in der Schule und Spaß an der Schnäppchenjagd.[11]

Nicht nur Jugendliche werden durch Werbeimpulse weich geklopft, uns „Alten" geht es genauso. Das überrascht nicht, denn keine Generation hat je zuvor so viel Reklame konsumiert wie die unsrige. Ein Institut hat ermittelt, dass auf jeden Konsumenten täglich 4500 Werbebotschaften prasseln – der absolute Werbeirrsinn! Wir werden mit Lust und List umgarnt. Ob ich da souveräner Mensch bleibe oder zum verführten Kunden werde, ist eine Gratwanderung.

Salomo hatte kaum Probleme mit der Werbebranche, aber das „Rohmaterial Mensch" war damals dasselbe wie heute. Den Reiz, sich jeden Wunsch zu erfüllen und jeder Lust nachzugeben, beschreibt die Bibel als globales „Denksystem":

> *Denn die Welt kennt nur das Verlangen nach körperlicher Befriedigung, die Gier nach allem, was unsere Augen sehen, und den Stolz auf unseren Besitz. Dies alles ist nicht vom Vater, sondern kommt von der Welt. (1. Johannes 2,16 NLB)*

Mit dem Begriff „Welt" (griech. *Kosmos*) ist der Kult ums Ego gemeint. Er weist auf den umfassenden Charakter der Verführung hin. Wörtlich ist von „der Lust des Fleisches, der Lust der Augen und vom Hochmut des Lebens" die Rede. Über diese drei inneren Kanäle werden wir von unserer Beziehung zu Gott entfremdet. Ein ichbezogenes Denkmuster, bei dem Gott ausgeschlossen und seine Autorität hinterfragt wird.

Im nächsten Tagebucheintrag warnt Salomo vor zweierlei: vor leichtfertigem Gerede, das Gott nicht ernst nimmt, und vor einem falschen hedonistischen Wertesystem, das sich nur um die eigenen Wünsche dreht.

---

[11] Weltwoche Nr. 13.04, S. 36, *Süsser Vogel Pleitegeier*.

Unbedachte Worte – sei besonnen!

Überlege, bevor du Gott etwas sagst. Sei nicht zu voreilig! Denn Gott ist im Himmel, und du bist auf Erden – also sei sparsam mit deinen Worten! Man sagt doch: „Wer zu geschäftig ist, träumt bald unruhig, und wer zu viel redet, sagt leicht etwas Dummes."
(Prediger 5,1–2 Hfa)

„Überlege, bevor du Gott etwas sagst", das ist kein schlechter Rat, denn im Gespräch mit Gott neigen wir manchmal genauso zum Blabla wie im Gespräch mit Menschen. Oscar Wilde meinte: „Gesegnet seien jene, die nichts zu sagen haben und den Mund halten."

Im Gespräch mit Gott ist respektvoller Umgang angebracht. Die Begründung: „Gott ist im Himmel, und du bist auf Erden." Wenn ich das lese, komme ich mir winzig klein vor. Gott ist irgendwo da draußen, hoch über dem Universum, und beobachtet uns kleine, unbedeutende Zwerge, wie wir uns abstrampeln. Aber das ist nicht, was der Prediger sagen will. Es geht ihm nicht um Distanz, sondern um die Perspektive. Gott ist souverän. Er allein hört das Unhörbare. Er allein sieht das Unsichtbare. Das ist der Grund, weshalb Salomo sagt: „Also sei sparsam mit deinen Worten." Gott beurteilt unsere Gebete nicht nach Länge, sondern nach Tiefe (vgl. Matthäus 6,7). Oder wie John Bunyan sagte: „Beim Reden mit Gott ist es besser, ein Herz ohne Worte zu haben als Worte ohne ein Herz." Hastiges Beten, das gedankenlose Abspulen bloßer Klischeephrasen, ist schlicht unwürdig. Beten, um andere zu beeindrucken, übrigens auch.

Wenn du vor Gott ein Gelübde abgelegt hast, dann zögere nicht, es zu erfüllen! Menschen, die leichtfertige Versprechungen machen, gefallen Gott nicht – darum tu, was du ihm geschworen hast! Besser du versprichst gar nichts, als dass du ein Versprechen nicht

hältst! Lege kein unbedachtes Gelübde ab, sonst lädst du Schuld
auf dich! Hast du es doch getan, dann behaupte nicht vor dem
Priester: „Ich habe es gar nicht so gemeint!" Oder willst du, dass
Gott zornig wird und die Früchte deiner Arbeit vernichtet? Wer viel
träumt, träumt manches Sinnlose, und wer viel redet, sagt man-
ches Unnütze. Du aber begegne Gott mit Ehrfurcht!
(Prediger 5,3-6 Hfa)

„Besser du versprichst gar nichts, als dass du dein Versprechen
nicht hältst!" Das ist eine der oft übersehenen Aussagen der
Bibel. Wir leben in einer Gesellschaft, in der Worte inflationären
Charakter haben. Auf Zusagen ist wenig Verlass. Ob es geliehe-
nes Geld ist oder gelobte Treue: Versprechen haben eine kurze
Halbwertszeit. Aber Gott nimmt uns beim Wort. Eine Zusiche-
rung ist für ihn verbindlich. Bedenke: Ein Versprechen kann
durchaus zum Saatbett der Veränderung werden. Vielleicht
hast du gelobt, mit Gott regelmäßig Zeit zu verbringen – ein
sinnvolles Gelübde. Vielleicht hast du zugesagt, deiner Familie
Aufmerksamkeit zu widmen – eine kluge Zusage. Vielleicht hast
du versprochen, in deiner Ehe treu zu bleiben – ein durchaus
biblisches Versprechen. Respekt vor Gott und Glaubwürdig-
keit vor Menschen verlangt, dass wir unsere Zusagen sorgfältig
abwägen und verbindlich dazu stehen.

Johannes Rau, der ehemalige deutsche Bundespräsident,
mahnte in einer Rede: „Wir wollen sagen, was wir tun, und tun,
was wir sagen." Salomo hätte das zweifellos unterschrieben.

Als Nächstes kommentiert er dann ein Dilemma, das ihn
schon früher beschäftigt hat (siehe Prediger 2,11):

Unbegrenzte Gier –
sei bescheiden!

Es geht um den Reiz des „Anschaffens". Keine Generation ver-
fügte je über so viel Geld, um sich jeden Wunsch, wenn nötig
auf Kredit, zu erfüllen. Konsum hat eine Symbolfunktion; damit

bestätige ich mir: Ich existiere, mir geht es gut, ich bin jemand!
Frederic Seaman, der persönliche Assistent von John Lennon,
schreibt in seinem Tagebuch über den Ex-Beatle und seine
Frau:

> „John und Yoko schienen kaufsüchtig zu sein, wie Klep-
> tomanen, die zahlten. Das meiste, was sie kauften, wurde
> weder benötigt noch je benutzt. Kleidung, Antiquitäten,
> Hi-Fi-Ausrüstungen, elektronische Spiele, Möbelstü-
> cke – alles wurde angeliefert, verstaut und unverzüg-
> lich vergessen. Es war der Reiz des Erwerbens – nicht
> das Objekt selbst –, was Yoko in Schwung hielt. Kleider
> wurden gekauft und weggehängt, um niemals getragen
> zu werden. Sobald sie hatte, was sie wollte, verlor Yoko
> jedes Interesse daran."[12]

Es muss einer keineswegs in der irrealen Welt der High Society
leben, um von dem Verlangen nach Überflüssigem getrieben zu
werden. Vier kleine Buchstaben beflügeln die Träume auch der
„normalen" Konsumenten: M-E-H-R! Mehr von diesem, mehr
von jenem, mehr von so viel Ramsch, den wir eigentlich gar
nicht brauchen.

Salomo will einige Illusionen entkräften, die oft unbewusst
wirken:

Illusion 1: Wohlstand befriedigt

> *Wer geldgierig ist, bekommt nie genug, und wer den Luxus liebt,*
> *hat immer zu wenig – auch das ist völlig sinnlos! (Prediger 5,9 Hfa)*

Dieser kurze Satz ist ein alter Klassiker. Die Gier nach mehr
kennt schlicht kein Maß. Das psychologische Phänomen ist

---

[12] MAX, 3/1992, S. 114+117, *Das Testament*, John Lennon.

ähnlich wie bei einem Spielsüchtigen – es gibt kein Aufhören. Wörtlich heißt es in Prediger 5: „Wer Geld liebt, wird des Geldes nicht satt." Geld ist kein Problem, Geldliebe schon. Materieller Besitz wird nirgends in der Bibel verurteilt, Geiz und Habgier sehr wohl.[13] „Der Geldgierige wird nie Befriedigung finden" – Salomo muss es wissen. Er redet aus eigener Erfahrung. Sein Ruf als sagenhaft reicher Herrscher ist ihm vorausgeeilt. Eine gewisse „Königin von Saba" reiste aus dem Land der Sabäer (im heutigen Jemen) nach Jerusalem, um den berühmten Weisen persönlich kennenzulernen. Im Buch der Könige wird die hochkarätige Begegnung mit diesen Worten beschrieben:

> *Die Königin von Saba war tief beeindruckt von Salomos umfassendem Wissen und von seinem Palast... „Es ist tatsächlich alles wahr, was man in meinem Reich von deinen Taten und deiner Weisheit berichtet!", sagte sie zu Salomo. „Ich konnte es einfach nicht glauben. Darum bin ich hierher gekommen, ich wollte mich mit eigenen Augen davon überzeugen. Und nun sehe ich: Man hat mir nicht einmal die Hälfte gesagt! Dein Wissen und dein Reichtum übertreffen alles, was ich je über dich gehört habe."*
> *(1. Könige 10,4-7 Hfa)*

Allein die jährlichen Goldeinkünfte Salomos wurden auf über 20 Millionen Euro geschätzt, und das war nur ein Bruchteil seines legendären Vermögens. Trotzdem kommt der alte Mann zum Schluss: „Auch das ist völlig sinnlos." Er wusste aus eigener Erfahrung: Der Geldgeile findet niemals Befriedigung, weil für ihn genug nie genug ist. Egal, wie viel einer gehortet hat, es bleibt immer ein Gefühl der Leere. Der Mensch mit der Ewigkeit in seinem Herzen sehnt sich nach mehr als bloßem Anhäufen von vergänglichem Mammon! Jesus hat es so formuliert:

---

[13] Siehe 1. Timotheus 6,9. Eine wortgetreue Übersetzung bewahrt hier vor Trugschluss.

Nehmt euch in Acht! Begehrt nicht das, was ihr nicht habt. Das
wahre Leben wird nicht daran gemessen, wie viel wir besitzen.
(Lukas 12,15 NLB)

Illusion 2: Wohlstand bewahrt vor Problemen

Der Weise sieht ein zweites Dilemma:

Je reicher einer wird, umso mehr Leute scharen sich um ihn, die auf
seine Kosten leben wollen – und er kann nur dabei zusehen. Was
also hat der Reiche von seinem Besitz? (Prediger 5,10 Hfa)

Irgendwie stellen wir uns vor: Mehr Wohlstand bedeutet weniger Probleme. Das mag stimmen, aber es gibt dabei noch eine andere Seite. Zunehmender Reichtum bedeutet zunehmende Verantwortung und zunehmende Verwaltung. Wo viel Besitz ist, sind die Parasiten nicht weit. Oder anders ausgedrückt: Wer eine Liebesaffäre mit dem Mammon hat, weiß irgendwann nicht mehr, wer seine wirklichen Freunde sind. Nimm das Beispiel eines Weltklasse-Athleten: Sobald das Geld in Strömen fließt, braucht er Agenten, Manager, Betreuer, Trainer, Rechtsanwälte, Steuerberater, Bodyguards ... und, und, und. Sind das nun Freunde oder Angestellte?

Als Joe Louis Box-Weltmeister im Schwergewicht war, half er vielen, die weniger Erfolg hatten als er. Er förderte Hunderte von Fans, die ihn als Idol vergötterten. Als er seinen Titel, sein Geld und seine Gesundheit verlor, war er plötzlich ein einsamer Mensch. „Wo sind meine Freunde?", fragte er. Die treffendere Frage wäre gewesen: „Wer sind meine Freunde?" Je mehr einer hat, desto schwieriger wird es, Freunde zu finden, die mehr als nur Schmarotzer sind. Von Christina Onassis, der Tochter des griechischen Reeders Aristoteles Onassis, wird berichtet, dass sie jeden Monat Hunderttausende von Dollars für Begleiter ausgab, dic mit ihr Zeit verbringen sollten. Sie investierte ein Vermögen, nur um geliebt zu werden. Wer waren ihre echten Freunde? Das Problem blieb ungelöst.

Illusion 3: Wohlstand befreit von Angst

Der Prediger argumentiert auch da in einem Gegensatz:

> Der Fleißige kann gut schlafen – egal, ob er viel oder wenig zu essen hat. Dem Reichen aber raubt sein voller Bauch den Schlaf.
> (Prediger 5, 11 Hfa)

Das Statement ist ironisch: Prunkvoller Besitz sollte Ruhe und Befriedigung verschaffen und hat oft genau den gegenteiligen Effekt. Aufwendige Partys, üppige Buffets, überzogener Lebensstil, riskante Investitionen – nichts von alldem senkt den Blutdruck. Der Wohlhabende hat von allem mehr als genug. Was ihm fehlt, ist Friede und Ruhe. Wenn es um die Gesundheit geht: Wer ist besser dran? Der Handwerker, der am Abend problemlos müde wegkippt, oder der Finanzhai, der sich vor lauter Sorgen endlos im Bett wälzt?

Extremer Wohlstand hat das Leben von John D. Rockefeller beinahe ruiniert. Im Alter von 53 Jahren war der Ölmagnat der einzige Milliardär der Welt. Aber er war auch ein kranker Mann. Er lebte von Milch und Zwieback und litt an massiven Schlafstörungen. Als Rockefeller begann, sein Geld wegzugeben, veränderte sich seine Gesundheit dramatisch zum Positiven. Er starb im reifen Alter von 98 Jahren.

Salomo entkräftet eine vierte Illusion:

Illusion 4: Wohlstand bringt Sicherheit

Etwas Schlimmes habe ich auf dieser Welt beobachtet: Wenn einer seinen Besitz sorgsam hütet und ihn dann doch verliert. Nur ein misslungenes Geschäft – und schon ist sein ganzes Vermögen dahin, auch seinen Kindern kann er nichts hinterlassen. So wie er auf diese Welt gekommen ist, muss er sie wieder verlassen – nackt und besitzlos! Nicht eine Handvoll kann er mitnehmen von dem, wofür er sich hier abmühte. Es ist zum Verzweifeln! Wie er kam, muss er wieder gehen. Was hat er also von seiner harten Arbeit – es ist ja doch alles umsonst! Sein ganzes Leben bestand aus Mühe und Trauer: Er hatte nichts als Ärger und Sorgen und plagte sich mit vielen Krankheiten. (Prediger 5,12-16 Hfa)

Ich bin noch nie auf einer Beerdigung gewesen, auf der ein Verstorbener irgendetwas in der Hand gehalten hätte. Originalton Salomo: „Wie er kam, muss er wieder gehen." Beachte: Salomo sagt nicht, dass ein Mensch *nichts* mitnehmen kann. Er nimmt nichts „in seiner Hand mit". Was er allerdings mitnimmt, ist sein Charakter und sein Gewissen.

Christus hat im Neuen Testament das Gleichnis des reichen Toren erzählt, der einzige in der Bibel übrigens, der von Gott selbst als Tor bezeichnet wird (vgl. Lukas 12,13-21). Der Typ starb, bevor er sich größere Scheunen für seinen angesammelten Reichtum bauen konnte. Seine geplante materielle Absicherung war nichts anderes als eine Illusion.

Am Ende des Kapitels fasst Salomo seine gereifte Einsicht zusammen:

Eines habe ich begriffen: Das größte Glück genießt ein Mensch in dem kurzen Leben, das Gott ihm gibt, wenn er isst und trinkt und es sich gut gehen lässt bei aller Mühe. Das ist sein einziger Lohn! Wenn Gott einen Menschen wohlhabend werden lässt und ihm auch noch Freude dabei schenkt, dann kann der Mensch es dankbar annehmen und die Früchte seiner Arbeit genießen. Denn das ist ein Geschenk Gottes! Weil Gott ihm so viel Freude gibt, denkt er nicht darüber nach, wie kurz sein Leben ist. (Prediger 5,17-19 Hfa)

Der Philosoph hat diesen Rat bereits zuvor erteilt. Doch jetzt bringt er viermal in drei Versen das Schlüsselwort „Gott" ins Spiel: Aus seiner Hand kommt alles: die Lebensspanne, der Wohlstand und die Fähigkeit, seine guten Gaben zu genießen.

Der letzte Satz regt zur Selbstprüfung an: „Weil Gott dem Menschen so viel Freude gibt, denkt er nicht darüber nach, wie kurz sein Leben ist." Der Weise nimmt jeden Tag, so wie er kommt. Er ist verbindlich in seinem Versprechen, und er ist bescheiden in seinem Anspruch:

Sei zufrieden mit dem, was du hast, und verlange nicht ständig nach mehr, denn das ist vergebliche Mühe – so als wolltest du den Wind einfangen. (Prediger 6,9 Hfa)

Der Rat Salomos trifft jeden von uns an einem anderen Punkt. Da lohnt es sich, über ein paar Fragen nachzudenken: Welche Befriedigung versuche ich mir mit meinem Kaufverhalten zu verschaffen? Welche Ängste versuche ich zu kompensieren? Welche Unsicherheiten kann ich schwer ertragen? Bescheidener werden in meinen Ansprüchen – was heißt das für mich persönlich?

Der Prediger beendet seinen Tagebucheintrag einmal mehr mit einer Note, die nachdenklich stimmt:

Ungeklärte Fragen – sei beruhigt!

Alles auf der Welt ist schon seit langer Zeit vorherbestimmt, und auch das Schicksal jedes Menschen ist schon vor seiner Geburt festgelegt. Mit dem, der mächtiger ist als er, kann er nicht darüber streiten. Er kann ihn noch so sehr anklagen – es hat ja doch keinen Sinn und hilft ihm nicht weiter! (Prediger 6,10-11 Hfa)

Salomo ist kein Pessimist. Er ist Realist. Er weiß sehr wohl, dass wir wie Ton in der Hand des Töpfers sind. Soll der Ton mit seinem Töpfer streiten? Wie viel Sinn macht das? Er braucht unseren Rat nicht und ist uns keine Rechenschaft schuldig (vgl. Jesaja 45,9). Wir bilden uns etwas auf unsere Intelligenz ein. Wir wollen für alles eine Erklärung.

Hier sagt Gott: Vergiss es, vertrau mir! Wir können uns nicht mal daran erinnern, was wir vor zwei Wochen zum Frühstück gegessen haben – aber die Details von Gottes Plan wollen wir verstehen? Einfach lächerlich.

Welcher Mensch weiß schon, was für ihn gut ist in seinem kurzen und sinnlosen Leben, das schnell wie ein Schatten vorbeieilt? Wer kann ihm sagen, was nach seinem Tod auf dieser Welt geschehen wird? (Prediger 6,12 Hfa)

Wer kann einem Menschen sagen, was am besten für ihn ist, während er sein kurzes Schattenleben lebt? Wer weiß, wie das nächste Kapitel unserer Biografie aussieht? Zwei rhetorische Fragen, *eine* Antwort: Gott allein weiß es. Der Mensch ist weise, der seine Worte und seine Wünsche auf ihn ausrichtet.

Unüberlegte Versprechungen und ungezügelte Gier werden wir bedauern.
Besonnene Worte und bescheidene Ansprüche niemals.

Fenster zum Alltag

„Homo consumens" nannte Erich Fromm den Menschen der Konsumgesellschaft. Zu welcher Spezies Mensch du dich zählst, ist letztlich weniger wichtig als die Frage nach deiner Beziehung zu Gott. Vgl. Lukas 12,15.

Unbedachte Worte

Viele Worte wässern, wenige würzen. Geschwiegen zu haben, habe ich selten bedauert – voreiliges Reden hat mich jedoch oft in Schwierigkeiten gebracht. Überlege in deiner Kleingruppe, welche Auswirkungen unbedachte Worte in Bezug auf das Gespräch mit Gott haben. Warum ist das so wichtig? Matthäus 6,5-13 enthält eine Schatztruhe voller Juwelen. Schau sie dir genauer an.

Unbegrenzte Gier

„Die Dinge im Leben, auf die es wirklich ankommt, sind nicht käuflich." Welche Dinge sind das? Bitte diskutiere. Salomo möchte uns davor bewahren, Sinnerfüllung im Konsumrausch zu suchen, weil sie da nicht zu finden ist. Wie würdest du dein Kaufverhalten beschreiben? Wo ist mehr Zurückhaltung angebracht? Und wo gegebenenfalls weniger Geiz? Finanzen sind in vielen Beziehungen Konfliktstoff. Da stellt sich die Frage: Wie gehen wir mit unterschiedlichen Kaufgewohnheiten um? Vgl. 1. Timotheus 6,9-10 und Jakobus 4,1-3.

Ungeklärte Fragen

Mit dem Schicksal lässt sich nicht argumentieren. Manchmal vergessen wir, dass wir nur Schauspieler in einem Stück sind, das der Regisseur geschrieben hat. Denke nach über die Worte des Propheten in Jesaja 45,9.

Kapitel 6
Weisheit für Anfänger

Prediger 7

Ein alter Mann lebte in einem kleinen Dorf. Obwohl er
arm war, beneideten ihn alle, denn er besaß ein weißes
Pferd; ein ausnehmend schönes Pferd. Alle rieten ihm,
es zu verkaufen, um zu Geld zu kommen. Doch der Alte
lehnte ab. „Dieses Pferd ist für mich wie ein Freund.
Wie sollte ich einen Freund verkaufen?" Das war immer
wieder seine Antwort. Eines Tages war das Pferd ver-
schwunden. Das ganze Dorf kam zusammen und redete
auf den Alten ein: „Hättest du es nur verkauft, du hättest
jeden Preis verlangen können. Jetzt ist das Tier weg, du
wirst vom Unglück verfolgt." Der Alte reagierte: „Redet
nicht so voreilig. Sagt nur: ‚Das Pferd ist nicht mehr in
seinem Stall.' Das ist alles, was wir wissen. Der Rest ist
Annahme, wer weiß, was als Nächstes geschieht." Die
Dorfbewohner lachten ihn aus.
Zwei Wochen später kam das Pferd zurück. Es wurde
nicht gestohlen, sondern war ausgerissen und brachte
ein Dutzend wilder Pferde mit sich. Die Nachbarn staun-
ten und entschuldigten sich beim Alten: „Du hattest
recht, wir haben uns geirrt. Was wir als Fluch sahen, ist
in Wirklichkeit ein Segen. Bitte vergib uns." Der Alte
antwortete: „Ihr übertreibt auch dieses Mal. Sagt nur,
dass das Pferd zurück ist. Sagt nur, dass ein paar andere
Rosse mitkamen, aber fällt kein Urteil. Wie wisst ihr, ob
das ein Segen oder ein Fluch ist? Ihr seht nur Stückwerk.
Wenn ihr nicht die ganze Geschichte kennt, wie wollt
ihr Bescheid wissen? Ihr lest nur eine Seite, wie wollt ihr

das gesamte Buch kennen? Ihr lest nur ein Wort eines Satzes, wie wollt ihr den ganzen Satz verstehen?" Vielleicht hat der Alte recht, dachten sie. Trotzdem waren die Dorfleute überzeugt, dass die zwölf wilden Pferde ein Segen waren. Mit wenig Aufwand könnten sie trainiert und für gutes Geld verkauft werden.

Der alte Mann hatte einen Sohn. Der Junge begann mit den Pferden zu arbeiten. Nach wenigen Tagen stürzte er von einem der Tiere und brach sich beide Beine. Wiederum kamen die Nachbarn: „Du hast recht gehabt, diese Pferde waren kein Segen. Dein einziger Sohn ist verunglückt und jetzt hast du niemand, der dir im Alter helfen kann." Er entgegnete: „Einmal mehr geht ihr zu weit: Sagt nur, mein Sohn hat seine Beine gebrochen. Woher wollt ihr wissen, ob das ein Segen oder ein Fluch ist? Wir sehen nur Bruchstücke." Nach einiger Zeit brach ein Krieg aus. Alle jungen Männer im Dorf wurden an die Front geschickt, viele kamen um. Der Sohn des armen Mannes konnte wegen seiner Verletzung als Einziger nicht einrücken. Er blieb verschont. – Wir sehen nur Bruchstücke.[14]

Der Alte hatte recht. Unsere Sicht ist begrenzt. Die Konflikte des Lebens sind immer nur eine einzige Seite aus einem umfassenden Buch. Nicht alles ist so, wie es scheint – daher urteilt der Weise mit Bedacht.

In seinem letzten Tagebucheintrag argumentierte Salomo, dass Wohlstand für die Entwicklung des Charakters nicht unbedingt positiv ist. Jetzt präsentiert er das Gegenstück: Widerwärtigkeit ist für die Entwicklung des Charakters nicht unbedingt negativ. Eine treffende Feststellung! Über den Wert der Weisheit hat der Prediger schon zuvor nachgedacht. Er kam zum Schluss:

---

[14] Lucado, Max. *In The Eye of the Storm.* Word, Dallas, 1991, S. 144-146, gekürzt.

„Je größer die Weisheit, desto größer der Kummer" (Prediger 1,12-18). Doch beim näheren Hinsehen modifiziert er seinen Standpunkt. Zwar kann Einsicht nicht alle Geheimnisse des Lebens ergründen, aber manche Hürden des Alltags lassen sich besser bewältigen.

Weisheit erleichtert das Leben

Salomo hat eine Sammlung von Sprichwörtern zusammengestellt. Ein Sprichwort ist ein kurzer Satz, der sich auf eine lange Erfahrung gründet. Der Weise liefert keine unabänderlichen Prinzipien, eher generalisierte Beobachtungen aus der Praxis des Alltags. Er greift in die rhetorische Trickkiste und präsentiert ein Wortspiel mit der wiederholten Formulierung „besser als".

Gelitten ist besser als gelacht

> „Ein guter Ruf ist mehr wert als kostbares Parfüm", heißt es, und ich sage: Der Tag des Todes ist besser als der Tag der Geburt. Geh lieber in ein Haus, wo man trauert, als dorthin, wo gefeiert wird. Denn im Trauerhaus wird man daran erinnert, dass der Tod auf jeden Menschen wartet. Leid ist besser als Lachen, Trauer verändert den Menschen zum Guten. Der Weise geht dorthin, wo man trauert, aber der Unverständige liebt den Ort, wo gefeiert wird.
> (Prediger 7,1-4 Hfa)

„Leid ist besser als Lachen", das klingt widersinnig. Wenn wir die Wahl haben, werden die meisten von uns eher auf eine Geburtstagsparty gehen als auf eine Beerdigung. Hier wird jedoch das Gegenteil empfohlen. Warum wohl? Weil Leid für die Seele mehr Gutes bewirkt als Partytime. Salomo ist alles andere als ein alter Spielverderber, der nicht weiß, wie man Spaß hat. Im Gegenteil, er kennt die heilsame Wirkung eines frohen Gemüts sehr wohl. Er weiß, dass es eine Zeit zum Lachen gibt (Prediger 3,4). Schließlich war er es ja auch, der geschrieben hat, dass mit einem fröhlichen Herzen jeder Tag ein Festtag sei (Sprüche 15,15). Trotzdem sagt er hier: „Der Tag des Todes ist besser als der Tag der Geburt."

Diese kuriose Aussage muss im Zusammenhang mit „dem guten Ruf, der mehr wert ist als kostbares Parfüm", verstanden werden. Der Prediger vergleicht zwei wichtige Tage im Leben eines Menschen: der Tag, an dem seine Geburt angekündigt wird, und der Tag, an dem sein Name in einer Todesanzeige erscheint. Das gelebte Leben zwischen diesen beiden Ereignissen bestimmt, ob dein Name ein wohlriechendes Parfum hinterlässt oder einen üblen Geruch.

Salomo plädiert nicht für eine morbide Beschäftigung mit dem Tod, er sucht das Gleichgewicht. Manche Leute verdrängen krampfhaft die Realität der Sterblichkeit – zu ihrem eigenen Nachteil.

Christus sagte im Neuen Testament: „Wohl denen, die Leid tragen" (Matthäus 5,4). Wie ist das zu verstehen? In der Begegnung mit Kranken und im Umgang mit dem Tod geschieht ein Reifeprozess. Da stehen wir in Berührung mit den zentralen Fragen des Lebens. Wir werden weicher, milder, umgänglicher. Erlebte Trauer verändert den Menschen oft zum Guten. Hast du das schon erfahren?

Getadelt ist besser als geschmeichelt

Es ist wertvoller, auf die Zurechtweisung eines verständigen Menschen zu achten, als sich die Loblieder von Dummköpfen anzuhören! Denn das Schmeicheln eines Törichten ist so unbeständig wie ein Strohfeuer. (Prediger 7,5-6 Hfa)

Luther übersetzt: „Es ist besser, das Schelten der Weisen zu hören als den Gesang der Toren." Konstruktive Kritik instruiert,

70

korrigiert, motiviert. Schmeicheleien füttern das Ego – mehr nicht. Hat dir schon mal jemand ein Kompliment gemacht, von dem du wusstest, dass es bloßes Süßholzraspeln war? (Ein Kompliment unterscheidet sich von einer Schmeichelei durch den größeren Wahrheitsgehalt.) Manche Leute wollen lieber gestreichelt als getadelt werden. Das ist verständlich, denn wie sagte doch der amerikanische Politiker Adlai Stevenson: „Ein wenig Schmeichelei schadet nicht, vorausgesetzt, man inhaliert nicht zu tief." Trotzdem ist es besser, auf die Zurechtweisung der Weisen zu hören.

Persönliche Frage: Wann hast du das letzte Mal eine solche Zurechtweisung entgegengenommen, ohne ärgerlich zu werden? Hier beginnt die Weisheit für Anfänger!

Geduldig ist besser als großspurig

> Wenn ein Verständiger sich unter Druck setzen lässt, wird er zum Narren; wer bestechlich ist, richtet sich selbst zugrunde. Das Ende einer Sache ist besser als ihr Anfang; Geduld hilft mehr als Überheblichkeit. Werde nicht zu schnell zornig, denn nur ein Dummkopf braust leicht auf.
> (Prediger 7,7-9 Hfa)

Ungeduld ist das Markenzeichen vieler Macher. Man könnte fast meinen, Rastlosigkeit sei eine Tugend. Das Gegenteil trifft zu. Mancher startet steil, aber die Ausdauer reicht nicht zum Finish. Nach Salomo hat Weisheit mit Geduld zu tun.

Die Frage: „Was ist der bessere Weg?" ist also die Frage nach der Selbstprüfung: Wo verdränge ich Schmerzliches? Wo lasse ich mir hineinreden? Wo fehlt mir Langmut?

Weisheit erweitert die Perspektive

Der Philosoph William James hat einmal gesagt: „Die Kunst, weise zu sein, ist die Kunst, zu wissen, was man übersehen kann." Der Gedanke ist eine Diskussion wert. Uns beschäftigt jedoch die Kehrseite der Frage: Es geht nicht um das, was man übersehen kann, sondern um das, was wir besser *nicht* ausklammern sollten.

> Halte dir vor Augen, was Gott tut! Wer kann gerade machen, was er gekrümmt hat? Wenn es dir gut geht, dann freue dich über dein Glück, und wenn es dir schlecht geht, dann bedenke: Gott schickt dir beides, und du weißt nie, was die Zukunft bringen wird.
>
> (Prediger 7,13-14 Hfa)

Bis zu diesem Punkt wurde der Name Gottes überhaupt nicht erwähnt. Jetzt heißt es: „Halte dir vor Augen, was Gott tut!" Der Weise erweitert seine Sicht. Er versucht, Gottes Hand in seinem Alltag zu erkennen. „Wer kann gerade machen, was Gott gekrümmt hat?" Unter dem „Gekrümmten" ist alles Widerwärtige zu verstehen: Krankheit, Schmerz, Ungerechtigkeit, Misshandlung, Armut, Unfälle, Kriminalität ... Ist Gott der Urheber des Bösen? Eine solche Behauptung würde ihm moralische Schuld zuweisen, ein Widerspruch in sich selbst. Gott erlaubt die Ausübung unseres freien Willens und hat die Konsequenzen des Sündenfalls in seinen Plan einkalkuliert, ohne uns um unsere Meinung zu fragen. Freier Wille und die Souveränität Gottes scheinen sich zu widersprechen, sind aber doch gleichzeitig wahr.

Der Prediger erinnert an die Tatsache, dass wir manche Dinge nicht ändern können. Was Gott tut, lässt sich weder verhindern noch voraussehen. Wenn wir mit seinem souveränen Handeln konfrontiert werden, bleibt nichts anderes, als ihm zu vertrauen.

Solches Vertrauen ist keine Notlösung, sondern schärft unsere Perspektive, denn durch Schmerzen und Leid kann Gott Weisheit zum Wachsen bringen.

Aus Gottes Hand kommt beides: Wohlergehen und Widerwärtigkeit. Hiob fragt: „Das Gute haben wir von Gott angenommen, sollten wir dann nicht auch das Unheil annehmen?" (Hiob 2,10). Das Unheil aus Gottes Hand macht Gott nicht zum Schuldigen, sondern betont seine souveräne Kontrolle über alle Ereignisse. Manche Situationen können wir selber korrigieren. Wer leidet, weil er hartnäckig an einer Sünde festhält, der kehre um. Wer leidet, weil er sich nicht getraut, eine Entscheidung zu fällen, der soll die Hilfe eines Beraters in Anspruch nehmen. In Situationen, für die wir *nicht* selber verantwortlich sind, gilt Salomos Logik: Wenn du widerwärtige Tage erlebst, bedenke: Gott hat dich nicht vergessen. Wenn du gute Tage erlebst, danke Gott und bereite dich vor, denn es wird nicht so bleiben.

Manche Christen neigen da zu verkürztem Denken. Sie vertreten ein sogenanntes Health-and-Wealth-Christsein. Das heißt: „Wer für Gott lebt, dem wird es gut gehen, der wird Erfolg haben, seine Gebete werden erhört und seine Krankheiten geheilt."

Salomo würde das als theologischen Nonsens bezeichnen. Gott schuldet uns keine Heilung. Er schuldet uns gar nichts. Nicht mal eine Begründung für Unheil. Salomo argumentiert genau andersherum:

In meinem kurzen Leben habe ich viel gesehen: Manch einer richtet sich nach Gottes Geboten und kommt trotzdem um; ein anderer will von Gott nichts wissen, aber er genießt ein langes Leben. Sei nicht zu fromm, und übertreib es nicht mit deiner Weisheit! Warum willst du dich selbst zugrunde richten? Sei aber auch nicht gewissenlos und unvernünftig! Warum willst du sterben, bevor deine Zeit gekommen ist? Es ist gut, wenn du ausgewogen bist und die Extreme meidest. Wer Gott gehorcht, der findet den richtigen Weg.
(Prediger 7,15-18 Hfa)

„Sei nicht zu fromm" – hast du gewusst, dass dieser Satz in der Bibel steht? Ist Salomo etwa gegen Frömmigkeit? Die Frage ist falsch gestellt. Sie muss eher lauten: *Gegen welche Form* der Frömmigkeit spricht sich der Weise aus? Nicht gegen die selbst*kritische*, sondern gegen die selbst*gerechte*. Selbstgerechtigkeit und Stolz entstehen, wenn wir uns einbilden, alles zu wissen, und meinen, geistlich voll im Bilde zu sein. Salomo macht im nächsten Abschnitt deutlich, dass es keine gerechten Leute gibt (7,20). Er kann sich folglich nicht gegen echte Gerechtigkeit wenden, sondern verurteilt die Show, die Fassade, die Maske, den Heuchler.

Wenn ich auf die vergangenen Jahre zurückschaue, dann stelle ich fest, dass in unserer Gemeinde manche Schwierigkeiten erzeugt wurden durch Christen, die „zu fromm" waren. Im Neuen Testament repräsentieren die „Pharisäer" die Gruppe der Selbstgerechten.[15] Für diese Leute hat Christus die schärfsten Worte reserviert. Pharisäertum ist ein Ticket für Spaltung. Heuchler lähmen die Gemeinschaft.

Fazit: Der Weise hinterfragt sich selbst: „Was habe ich übersehen?" „Wo bilde ich mir etwas ein?" „Wo neige ich zu verkürztem Denken?"

Weisheit wird durch Erfahrung stark

Es ist kein Mensch auf der Erde so gottesfürchtig, dass er nur Gutes tut und niemals sündigt. Hör nicht auf das Geschwätz der Leute; dann hörst du auch nicht, wie dein Untergebener über dich lästert! Du weißt genau, dass auch du sehr oft über andere hergezogen hast.
(Prediger 7,19–22 Hfa)

---

[15] Der Name bedeutet „die Abgesonderten". Gemeint ist eine religiöse Partei, die sich im Gegensatz zu den Sadduzäern von rationalistischen Einflüssen freihielt und strikt auf das Gesetz achtete, siehe Apostelgeschichte 26,5.

Salomo beeindruckt mit seiner realistischen Sicht. Du findest bei ihm einfach keine Klischees, keine weichgespülten Phrasen. Kategorisch sagt er: Wir leben in einer kranken Welt. Sünde hat ausnahmslos alle Menschen infiziert.

Sieh dich selbst nicht als Ausnahme. Es gibt keine. Jeder ist betroffen. Jeder hat eine dunkle Seite. Das zeigt sich durch „das Geschwätz der Leute". Unser liebstes Laster ist die Lust am Lästern (vgl. Jakobus 3,2). „Eine spitze Zunge ist das einzige Schneidwerkzeug, das durch ständigen Gebrauch schärfer wird." (Washington Irving) Daher der Rat: „Hör nicht zu, wenn andere tratschen." Das bringt nichts, denn wie sagt das (deutsche) Sprichwort: Der Lauscher an der Wand hört seine eigne Schand. Ansonsten gilt: „Denke daran, dass du in deinem Herzen oft genauso über andere hergezogen bist." Erfrischend ehrlich, diese Gedankenstütze.

Weisheit ist ein seltenes Juwel. Salomo zieht Bilanz:

> *Ich habe alles versucht, um weise zu werden; ich wollte Einsicht erlangen, aber sie blieb mir unerreichbar fern. Was geschieht, kann man nicht ergründen – es ist tief verborgen und nicht zu verstehen. Trotzdem bemühte ich mich mit aller Kraft, herauszufinden, was die Weisheit ausmacht; ich wollte wissen, wie man zu einem rechten Urteil kommt. Auch dachte ich darüber nach, ob Gottlosigkeit mit Verblendung zusammenhängt und Unwissenheit mit mangelnder Einsicht. (Prediger 7,23-25 Hfa)[16]*

Der weiseste Mensch, der je gelebt hat, musste sich eingestehen: Menschliche Einsicht hat enge Grenzen, kann die letzten Fragen nicht beantworten. In seiner Verblendung kommt der gefallene Mensch aus eigener Anstrengung nicht weiter:

> *Nur dieses eine habe ich gelernt: Gott hat die Menschen aufrichtig und wahrhaftig geschaffen, jetzt aber sind sie falsch und berechnend. (Prediger 7,29 Hfa)*

---

[16] Als klassisches Beispiel menschlicher Torheit warnte Salomo vor der Versuchung der käuflichen Liebe, siehe Prediger 7,26.

Der Idealzustand von einst ist dahin. Ohne Gottes Intervention durch den Tod und die Auferstehung Christi bleiben wir *dead men walking*, endgültig zum Tode Verurteilte. Auf diesem Planeten wurde bisher nur *ein* vollkommenes Leben gelebt. Der Eine, in dem nicht die geringste Spur von Falschheit zu finden war, sitzt jetzt zur Rechten des Vaters und wird in Herrlichkeit wiederkommen, um die Lebenden und die Toten zu richten. Bis es so weit ist, sind wir darauf angewiesen, unsere Grenzen anzuerkennen, aus unseren Fehlern zu lernen und auf den zu hören, der als Einziger Durchblick hat. Die Frage: „Was habe ich gelernt?", beantwortet Salomo so:

> *Es gibt nichts Besseres, als weise zu sein, zu wissen, wie der Sinn des Lebens zu interpretieren ist. (Gottes) Weisheit bringt Licht in die Augen und Milde ins Reden und Benehmen.*
> *(Prediger 8,1 Message)*

Der Weise weiß, dass er nur Bruchstücke sieht.
In seinem Urteil ist er bedacht!

Fenster zum Alltag

Voreilige Urteile und undurchdachte Vorurteile bringen meistens Nachteile. Die folgenden Fragen möchten dir helfen, weiser zu werden. Als Nebeneffekt bleiben dir vielleicht manche Probleme erspart.

Was ist der bessere Weg?

Egal, in welcher Situation wir uns befinden: Meistens stehen uns mehrere Alternativen offen: konfrontieren oder verdrängen, zuhören oder abblocken, drosseln oder beschleunigen. Bitte besprich in der Kleingruppe eine konkrete Konfliktsituation, in

der du dich befindest. Welche Möglichkeiten stehen dir offen?
Was ist der bessere Weg? Lässt sich eventuell aus Prediger 7,1-10
ein praktischer Fingerzeig ableiten?

Was habe ich übersehen?

Wenige Aussagen in Kohelet sind so anfällig für eine Fehl-
interpretation wie Prediger 7,16-18. Salomo warnt nicht vor zu
viel echter Frömmigkeit. Er mahnt vor *verdrehter* Frömmigkeit.
Welche Formen sind dir schon begegnet?

- ☐ ein scheinfrommes Wesen
- ☐ eine betont auffällige Geistlichkeit
- ☐ eine aalglatte „Heiligkeit"
- ☐ eine hyperkritische Mentalität
- ☐ eine Ich-bin-gesegneter-als-du-Einstellung

Für manche Leute ist indes nicht der Schein das Problem, sondern das Sein. Da gibt nicht ihre fromme Fassade Anlass zum
Konflikt, sondern ihre Gleichgültigkeit. Da fehlt als Christ das
tiefere innere Verlangen, den Alltag unter Gottes Regie zu stellen. Was würdest du jemandem raten, der sich mit unterkühltem
Christsein zufriedengibt? Bitte diskutiere über Sprüche 3,5-7.
Wie ergänzt die Kernaussage in Vers 7 das Anliegen Salomos?

Was habe ich gelernt?

Der Weise weiß, dass er ein Mangel-Mensch ist. Weil er seine
Defizite kennt, versucht er, aus Erfahrungen zu lernen – den
eigenen und denjenigen von anderen. Bitte tausche dich in
deiner Kleingruppe über eine Erfahrung aus, die als eine Lektion
in deiner Erinnerung hängen geblieben ist, die dich ein wenig
weiser gemacht hat. Überdenke Hebräer 6,1-3.

Kapitel 7
Frustrierendes Schweigen

Prediger 8

Vor Jahren hat der Rabbiner Harold Kushner einen Bestseller geschrieben mit dem Titel: „Wenn guten Menschen Böses widerfährt". Die Frage, wie es Gott zulassen kann, dass Menschen, die an ihn glauben und ihr Leben an ihm ausrichten, von schweren Schicksalsschlägen getroffen werden, beschäftigte den Autor aus persönlicher Betroffenheit:

> Unser Sohn Aaron hatte gerade seinen dritten Geburtstag begangen, als unsere Tochter Ariel geboren wurde. Aaron war ein heiteres, glückliches Kind; er konnte schon, bevor er zwei Jahre alt war, ein Dutzend verschiedener Dinosaurier unterscheiden und erklärte den Erwachsenen geduldig, dass die Dinosaurier schon ausgestorben seien. Meine Frau und ich hatten uns Sorgen um seine Gesundheit gemacht, als er im Alter von nur acht Monaten aufhörte zu wachsen und seine Haare nach dem ersten Lebensjahr auszufallen begannen. Berühmte Ärzte hatten ihn angesehen, komplizierte Namen für seinen Zustand gefunden und uns versichert, er würde zwar nicht besonders groß, aber sonst in jeder Hinsicht normal werden. Kurz vor der Geburt unserer Tochter zogen wir von New York in einen Vorort von Boston, wo ich Rabbiner der Ortsgemeinde wurde. Wir erfuhren, dass der dort ansässige Kinderarzt auf kindliche Wachstumsprobleme spezialisiert war; wir konsultierten ihn wegen Aaron. Am Tag, als unsere Tochter geboren wurde, besuchte er meine Frau im Krankenhaus

und erklärte uns, der Zustand unseres Sohnes würde „Progerie" (schnelles Altern) genannt. Und er eröffnete uns, Aaron würde niemals größer als etwa ein Meter werden und keine Haare an Kopf und Körper haben. Er würde auch als Kind wie ein kleiner alter Mann aussehen und nicht viel älter als zehn, zwölf Jahre werden. Wie ist jemandem zumute, wenn eine solche Nachricht über ihn hereinbricht? Was ich an jenem Tag am heftigsten verspürte, war ein tiefes schmerzhaftes Gefühl der Ungerechtigkeit. Es war alles so sinnlos; ich war doch kein schlechter Mensch gewesen! Ich hatte zu tun versucht, was Gott wohlgefällig war. Ich führte ein Leben, das weit mehr an den Leitlinien unserer Religion ausgerichtet war als das von anderen Leuten – Leuten mit großen, glücklichen Familien. Ich glaubte, Gottes Wegen zu folgen und sein Werk zu tun. Wie konnte gerade meiner Familie dies widerfahren? Wenn es Gott wirklich gab, wie konnte er mir das antun?[17]

Das sind verständliche Fragen. Sie werden umso leidvoller, wenn sich herausstellt, dass es darauf keine Antwort gibt. Wenn Gott nicht auf die dringlichsten Anliegen unseres Lebens reagiert, dann ist das Gottesbild, das manche von uns vertreten, zu hinterfragen.

Mit dem Schweigen Gottes haben wir unsere eigenen Erfahrungen gemacht. Wir haben Gott angerufen, aber er hat sich nicht gemeldet. Wir haben eifrig gebetet, doch es gab keine Antwort. Wir haben unser Herz vor ihm ausgeschüttet, aber da kam kein Echo.

Jemand erzählte von einem Ehepaar, das keine Kinder bekommen konnte, ohne einen medizinischen Eingriff vorzunehmen. Das wollten die beiden trotz intensivem Kinderwunsch

---

[17] Kushner, Harold. *Wenn guten Menschen Böses widerfährt*. Gütersloher Verlagshaus, Gütersloh, 1986, S. 10.

nicht. So brachten sie ihr Anliegen vor Gott und berichteten: „Siehe da, ein Jahr später wurde Nadine geboren. Halleluja!" Schön, dass Nadine geboren wurde, aber irgendwo bleibt für den kritisch Denkenden ein Beigeschmack hängen. Was ist mit den vielen Paaren, die medizinisch alles probiert haben und trotz Fürbitte zu Kinderlosigkeit verurteilt sind? Haben die zu wenig intensiv gebetet? Und noch unverständlicher: Was ist das für ein launenhafter Gott, der die einen mit ihren Spezial-Gebetsanliegen verwöhnt, und andere, wie Harold Kushner, in perfiden Leidsituationen einfach anschweigt? Wo bleibt da die Gerechtigkeit?

Ist Gott parteiisch? Hat er seine bevorzugten Lieblinge, die er hätschelt, und seine abseits stehenden Lakaien, die er hänselt? Könnte es sein, dass unser Gottesbild Schlagseite hat? Kürzlich las ich ein Buch von einem bekannten Autor über das Wesen Gottes. Da wurden im Inhaltsverzeichnis diverse ermutigende Eigenschaften Gottes aufgezählt: Er weiß alles, er ist immer da, er hat alles im Griff, er hält, was er verspricht, er gibt gerne … und vieles mehr. Eines fehlte jedoch: Da gab es kein Kapitel, keinen einzigen Abschnitt über Gottes Schweigen. Könnte es sein, dass im Bestreben, Gott schmackhaft zu machen, eine unangenehme Realität ausgeblendet wird? Könnte es sein, dass wir aus guten Gründen ähnlich denken?

Winston Churchill wurde im Zweiten Weltkrieg mit schwierigen Situationen konfrontiert. In einer besonders unverständlichen Sachlage rief er frustriert aus: „Das ist ein Rätsel, eingepackt in ein Geheimnis, verborgen in einem Mysterium." Vieles in unserem banalen Alltag fällt in die gleiche Kategorie. Auch manche Aussagen in der Bibel sind rätselhaft. Gott wirkt im Bereich des Unergründlichen. Salomo ist am Ende seines Lebens zu genau diesem Schluss gekommen. Sein nächster Tagebucheintrag dreht sich um diese Fragen: Wie gehe ich um mit schicksalhaften Ereignissen? Wie komme ich über die Runden, wenn Gott schweigt? Wie lebe ich mit Grenzen?

Einsicht: das Unveränderliche hinnehmen

Das Leben ist unfair: Es gibt machthungrige Politiker, ungerechte Bürger und unbegreifliche Pläne. Weisheit, die ihre Wurzel in der Ehrfurcht vor Gott hat, lernt, mit solchen Herausforderungen umzugehen. Salomo argumentiert, dass Weisheit, die von Gott kommt, düstere Situationen aufhellen und das schwere Los des Menschen erleichtern kann (Prediger 8,15).

Als Erstes befasst sich Kohelet mit der Frage der Regierung. Der Weise erkennt an, dass menschliche Regierungen Instrumente in Gottes Hand sind, die er für seine Ziele gebraucht. Die Lehre ist hier dieselbe, die Paulus im Neuen Testament präsentiert (Römer 13,1-5):

> *Weise ist, wer den Befehlen des Königs gehorcht und nichts gegen ihn unternimmt. Er hat erkannt, dass auch die Regierungszeit des Königs begrenzt ist und Gott ihn richten wird. Denn für alles hat Gott die Zeit bestimmt, er spricht das Urteil. Aber auf dem Menschen lastet eine schwere Not: Er weiß nicht, was auf ihn zukommt, und niemand kann ihm sagen, wie es geschehen wird. Er besitzt keine Macht über den Wind und kann ihn nicht aufhalten, ebenso wenig kann er dem Tod entfliehen... dies alles habe ich gesehen, als ich beobachtete, was auf dieser Welt geschieht – einer Welt, in der einige Menschen Macht besitzen und die anderen darunter leiden müssen. (Prediger 8,5-9 Hfa)*

Der Rat, „den Befehlen des Königs zu gehorchen", ist auf der horizontalen Ebene weise, er bewahrt vor unnötigen Spannungen. In letzter Konsequenz geht es auch um den Gehorsam gegenüber dem König der Könige.

Was aber, wenn es sich bei den Machthabern um Tyrannen handelt? Nimrod, Nero, Stalin, Mao, Milošević, Saddam... die Welt hat zu jeder Zeit unter grausamen Diktatoren und ihren Unrechtsregimen gelitten. Die Juden selbst wurden vor harter

Unterdrückung durch die Assyrer und Babylonier nicht verschont.

Ein Beispiel: Der letzte König Babyloniens war Belsazar, einer der korruptesten Herrscher im Alten Testament. Der Prophet Daniel berichtet, wie Belsazar die geweihten Gefäße aus dem Tempel von Jerusalem für ein Saufgelage holen ließ. Mit den goldenen Kelchen wurde provokativ auf die Götzen der Babylonier angestoßen. Während die Party so richtig auf Touren kam, erschien an der Wand plötzlich eine Handschrift, ein visuelles Gerichtsurteil, eine Botschaft, aufgezeichnet von einer unsterblichen Hand. Es waren die Worte: „*Mene mene tekel u-parsin*" (Daniel 5,25), was so viel bedeutet wie: „Gott hat dich gewogen und für zu leicht befunden, dein Königreich wird von dir genommen und geteilt." Genau so kam es. Noch in derselben Nacht wurde Belsazar von persischen Agenten umgebracht. Sein Reich brach zusammen. Gott kann einen Herrscher, egal wie mächtig, jederzeit liquidieren, wenn er will. Er konnte, und er wollte. Bye-bye, Belsazar...

Ein zeitlich näher liegendes Beispiel: Nicolae Ceauşescu wurde 1918 in Rumänien geboren. Als eingefleischter Kommunist saß er 1936-1940 für seine Überzeugung im Gefängnis. Als die Kommunisten 1947 in Rumänien an die Macht kamen, stieg er schnell in hohe Regierungsämter auf. 1967 wurde Ceauşescu Staatschef. Während mehr als 20 Jahren regierte er Rumänien mit eiserner Hand. Dann kam der 17. Dezember 1989 mit den Ereignissen in Timişoara: Ceauşescu befahl dort seinen Truppen, auf Demonstranten zu schießen. Sie verweigerten den Befehl. Die Demonstrationen weiteten sich aus, und in weniger als fünf Tagen musste das Präsidentenpaar fliehen. Die Videobilder der Hinrichtung der beiden gingen um die Welt. Sie wurden in einen Hof geführt, an eine Wand gestellt, dann wurde geschossen... der Diktator sackte zusammen, und das war es dann. In weniger als drei Minuten war der Spuk vorbei.

Gott kann in einem Augenblick Dinge verändern, die unveränderlich scheinen. Wie sagte doch Salomo: „... auch die Regierungszeit des Königs ist begrenzt ... für alles hat Gott die Zeit bestimmt, er spricht das Urteil." Das ist tröstlich zu wissen. Ich kann hinnehmen, was sich menschlich nicht korrigieren lässt, im Bewusstsein, dass selbst die Nummer eins im Staat am souveränen Handeln Gottes nicht vorbeikommt. Darum geht es hier: die Wahrnehmung, dass Machtmenschen wohl Leid verursachen können, aber was auf der politischen Bühne geschieht, ist genauso wenig dem Zufall überlassen wie das, was sich im persönlichen Leben abspielt.

> *Denn für alles hat Gott die Zeit bestimmt, er spricht das Urteil.*
> *Aber auf dem Menschen lastet eine schwere Not: Er weiß nicht,*
> *was auf ihn zukommt, und niemand kann ihm sagen,*
> *wie es geschehen wird. (Prediger 8,6-7 Hfa)*

Die Erkenntnis, dass Gott sein eigenes Timing und seine eigene Strategie hat, hilft, „die Bürde zu tragen, die auf uns lastet". Es wird nicht erklärt, um welche Bürde es geht, aber vermutlich ist mehr gemeint als die Last, unter einem Unrechtsregime zu leben. Jeder Mensch ist mit bestimmten Realitäten konfrontiert, die unabänderlich sind. Du hast keine Wahl, dein Geschlecht zu bestimmen, ebenso wenig kannst du deine Herkunftsfamilie, deine Erziehung und deine Gesundheit festlegen. Dazu kommt die Last der unsicheren Zukunft. Unwissend, was Gott mit unserem Lebenslauf vorhat, gibt es nur eines: Beuge dich vor dem, der souverän ist.

Petrus hat es so ausgedrückt:

> *Gottes Gnade gilt denen, die zum demütigen Gehorsam bereit sind.*
> *Deshalb beugt euch in Demut unter Gottes mächtige Hand. Gott*
> *wird euch aufrichten, wenn seine Zeit da ist. (1. Petrus 5,5-6 Hfa)*

Fazit: Manche Dinge können wir durch kluge Entscheidungen und weises Handeln beeinflussen. Über vieles aber haben wir keine Kontrolle. Befindest du dich momentan unverschuldet in einer schwierigen Situation? Erkenne darin einen Teil des Planes, den Gott dir zugedacht hat. Ändere, was du ändern kannst, und ruhe da, wo du keinen Einfluss hast, in Gottes Souveränität aus.

Bei Salomo wechselt nun der Brennpunkt von der Regierung zum Individuum:

Weitsicht: das Ungerechte ertragen

Jede menschliche Regierung handelt fragwürdig, nicht weil die Regierung an sich fragwürdig wäre, sondern weil sie aus gefallenen Menschen besteht.

Die alte Natur des Menschen ist deformiert. Das Neue Testament bestätigt diesen Befund. Das trifft auch auf Menschen zu, die durch Christus neues Leben empfangen haben. Ihre alte Natur bleibt entstellt (vgl. Römer 7,18-23). In jedem von uns steckt ein Täterprofil. Ein Beispiel illustriert das:

> *Ich sah, wie Menschen, die von Gott nichts wissen wollten, in Ehren begraben wurden, während man andere, die Gott gehorchten, aus der Nähe des Heiligtums vertrieb und sie vergaß in der Stadt. Auch das ist sinnlos! (Prediger 8,10 Hfa)*

Der Prediger sieht eine Beerdigung: Der Verstorbene war ein gottloser Mensch, der religiös lebte. Wörtlich steht im Grundtext, dass der Verstorbene „im Heiligtum ein und aus ging". Er bekam viel Anerkennung und eine pompöse Trauerfeier. Er wurde trotz seiner Gottlosigkeit geehrt und gesegnet. Eine widerliche Szene. Insbesondere weil gleichzeitig Gottes Volk in der Stadt ignoriert und vertrieben wurde. Beim Nachdenken über diese Situation kam der Prediger zu diesem Schluss:

Weil so oft das Urteil über eine böse Tat
nicht sofort vollstreckt wird,
darum bekommen die Menschen
immer mehr Mut, das Böse zu tun.
(Prediger 8,11 Bruns)

Unrecht regiert. Marcel Bertschi, ein ehemaliger Zürcher Staatsanwalt, wurde in einem Interview über die Jugendkriminalität in Zürich und über sein Menschenbild befragt: „Macht Sie Ihr Menschenbild zynisch oder gelassen?" Seine Antwort:

> Beides. Wer ein Berufsleben lang mit Verbrechen zu tun hat, kann nicht mehr daran glauben, der Mensch sei grundsätzlich lieb und gut. Aber wer weniger erwartet, wird weniger enttäuscht. Langfristig hingegen ist der Mensch eine aussterbende Spezies. Das ist, von Ausnahmen abgesehen, nicht schade.[18]

Eine überspitzte Aussage. Doch Salomo selbst steckte schon in einem Dilemma. Er ist überzeugt vom Prinzip der Vergeltung, aber gleichzeitig sieht er einen krassen Widerspruch:

> *Wer Gott missachtet, muss die Folgen tragen: Er verschwindet so*
> *plötzlich wie ein Schatten, weil er keine Ehrfurcht hat vor Gott.*
> *Und trotzdem geschieht so viel Sinnloses auf der Welt: Da geht*
> *es rechtschaffenen Menschen so schlecht, wie es den Gottlosen*
> *gehen sollte. Und da haben Gottlose ein so schönes Leben, als*
> *hätten sie Gottes Gebote befolgt. Das ist völlig sinnlos!*
> *(Prediger 8,13-14 Hfa)*

Der Dichter Robert Frost hat einmal gesagt: „Eine Geschworenenjury besteht aus zwölf Personen, die ausgewählt werden, um zu entscheiden, wer den besten Anwalt hat." Sicher ist, dass ein Tag kommen wird, an dem der gerechte Richter sein gerechtes Urteil spricht. Bis dahin werden wir mit Unrecht und

---

[18] Weltwoche 33/2003, S. 51.

Widersprüchen leben müssen. Da bleibt nichts anderes, als jenseits des Horizonts zu schauen. Wir vertrauen darauf, dass im kommenden Reich Gottes Gerechtigkeit regiert (Römer 13,17). Darum hat Christus den Jüngern beigebracht, so zu beten: „Dein Reich komme, dein Wille geschehe, wie im Himmel so auch auf Erden." Noch beten wir für dieses kommende Reich. Doch in der Zwischenzeit rät Salomo zu einem gesunden Gleichgewicht:

> *Darum rühme ich die Freude, denn es gibt für den Menschen nichts Besseres auf der Welt, als zu essen und zu trinken und sich zu freuen. Das wird ihn bei seiner Mühe begleiten das kurze Leben hindurch, das Gott ihm gegeben hat. (Prediger 8,15 Hfa)*

Ist das ein weiser Rat in einer abgestürzten Welt? Gegenfrage: Was ist die Alternative? Die Alternative besteht darin, bitter und zynisch zu werden. Salomo will uns vor einer depressiven Spirale bewahren: Iss, trink und freue dich an deinem Gott. Auch wenn wir die kurzen Tage unseres Lebens oft in einem Nebel verbringen: Gott schenkt Inseln der Freude, die uns helfen, die raue Realität zu ertragen.

Der Kreis schließt mit einer Mahnung:

Vorsicht – das Unerklärbare loslassen

Der Weise bekennt: „Ich habe alles gesehen und verstehe nichts!"

Unsere Situation ist umgekehrt: Wir haben nichts gesehen und meinen, alles zu verstehen. Die folgende Warnung ist daher angebracht:

Ich bemühte mich, die Weisheit kennenzulernen und das Tun und Treiben auf dieser Welt zu verstehen. Doch ich musste einsehen: Was Gott tut und auf der Welt geschehen lässt, kann der Mensch nicht vollständig[19] begreifen, selbst wenn er sich Tag und Nacht keinen Schlaf gönnt. So sehr er sich auch anstrengt, alles zu erforschen, er wird es nicht ergründen! Und wenn ein weiser Mensch behauptet, er könne das alles verstehen, dann irrt er sich!
(Prediger 8,16-17 Hfa)

Salomo erinnert einmal mehr daran, dass wir das Leben so nehmen sollen, wie es kommt, ohne den Anspruch, alles begreifen zu wollen. Sein Argument: Das Leben ist zu komplex, zu verflochten mit Widersprüchlichem, als dass sich einer einbilden könnte, alle Antworten zu finden. Egal, wie intensiv sich jemand bemüht, die letzten Geheimnisse bleiben geheim. Zur Klarstellung: Die Bibel verurteilt die Bemühung, Erkenntnis zu mehren, keineswegs. Zum Streben nach Einsicht wird im Alten und Neuen Testament ermutigt. Es wäre falsch, eine antiintellektuelle Einstellung zu hegen. Der Denkfaule findet bei Salomo kein Verständnis. „Denken ist", so Henry Ford, „die schwerste Arbeit, die es gibt. Das ist wahrscheinlich auch der Grund, warum sich so wenige Leute damit beschäftigen."

Wir sind aufgefordert, unseren Glauben sinnvoll zu begründen, aber dabei nicht zu vergessen, dass es Grenzfragen gibt (vgl. 1. Petrus 3,15). Was Gott auf der Welt geschehen lässt, kann der Mensch nicht verstehen. Da fehlen uns die Daten, uns fehlt der Durchblick.

Zofar, einer der Freunde Hiobs, macht im Buch Hiob kurz und bündig diese Feststellung:

Der Himmel oben setzt Gott keine Grenze – dir aber allemal!
(Hiob 11,7-8 Hfa)

---

[19] Der Begriff „vollständig" steht nicht im Grundtext.

Wir sehen das Gesamtbild nicht und bilden uns doch ein, so schlau zu sein. Aus eigener Erfahrung: Nach dem Abschluss einer Bibelschule in den 70er-Jahren meinte ich, einiges zu wissen. Wir waren nicht lange in der Gemeindearbeit tätig, da wurde mir klar, wie begrenzt mein Horizont wirklich war. Die Weiterbildung am Dallas Seminary bestätigte den Eindruck in jeder Hinsicht. Ich hatte noch nicht einmal an der Oberfläche zu kratzen begonnen.

Mit dieser Einsicht kam Vorsicht. Es galt, Abschied zu nehmen von der Vorstellung, für alles eine Erklärung zu finden. Wie sagt doch Paulus:

> *Wenn sich einer einbildet, alles zu wissen, so zeigt das nur, dass er noch nicht weiß, worauf es wirklich ankommt.*
> *(1. Korinther 8,2 Hfa)*

Unsere Suche nach Antworten muss dort enden, wo Salomos Suche endete: bei der Tatsache, dass Gott auf dem Thron sitzt, dass er souverän herrscht und dass er unseren Mangel an Verständnis gebrauchen möchte, um unseren Glauben zu vertiefen.

> *Alles verstehen wollen heißt, nichts begriffen zu haben.*
> *Das Beste am Glauben ist vielleicht gerade das,*
> *was wir am wenigsten verstehen!*

Fenster zum Alltag

Das größte Rätsel deines Lebens ist deine Schattenseite, jene unheimliche Macht, die alles, sogar das Gute, das du willst, kaputt macht. Von dieser Macht hat Christus dich losgekauft. Da gibt es keine Ungewissheit: Wer zu ihm kommt, findet Frieden.

Unveränderliches hinnehmen

„Wer nicht weiß, was eine Wunde ist, der hat gut reden über Narben!"

C.S. Lewis

Welches sind deine Narben? Beschreibe mindestens eine Begebenheit, die du als unabänderliche und schmerzliche Tatsache hinnehmen musst. Bist du sicher, dass es keine Alternativen gibt? Wenn ja, wie gelingt es dir, in Gottes souveräner Hand Ruhe zu finden? Offenbarung 1,4-8 bietet praktische Hilfestellung an.

Ungerechtes ertragen

In den Niederungen des Alltags werden wir oft mit Widersprüchen konfrontiert. Gerechtigkeit wird nicht immer belohnt, und Gottlosigkeit wird nicht immer bestraft. Manchmal geht es dem Gottlosen gut, während dem Gerechten Leid widerfährt. Statt über dem scheinbaren Unrecht endlos zu grübeln, empfiehlt der Prediger eine Wellnesstherapie (überdenke Prediger 8,15). Welche kleinen Freuden des Alltags heben deine Stimmung?

Unerklärbares loslassen

Salomo hat versucht, Gottes Wege zu verstehen, und kam zum Schluss, dass seine Absichten unerforschlich sind. Wie gehst du selber um mit den Rätseln des Glaubens? Vgl. Jesaja 55,8-9 und Römer 11,33-36. Wie helfen diese Aussagen, Unerklärbares loszulassen?

Kapitel 8
Begegne deinem letzten Feind

Prediger 9

In seiner Show „Körperwelten – die Faszination des Echten" präsentiert der deutsche Anatom Gunther von Hagens menschliche Leichen und Organe, die „plastiniert" wurden. Bei diesem Verfahren wird die Körperflüssigkeit gegen einen Kunststoff ausgetauscht, der in die feinsten Zellstrukturen eindringt und so den Prozess der Verwesung zum Stillstand bringt.

> Bei der Inszenierung seiner Präparate ist von Hagens schon beinahe frivol: In der Ausstellung begegnet man etwa einem Schachspieler mit bloßgelegtem Nervensystem, einem Fechter oder einem „Schubladenmenschen", dessen Inneres die Besucher schubladenweise hervorziehen und inspizieren können. Hatten in Deutschland und Österreich konservative Kreise versucht, „Körperwelten" zu verbieten, scheint sich hierzulande niemand über die gruselige Anatomie-Show aufzuregen. Im Gegenteil: Scharen von Menschen pilgern in die Messe Basel, um sich Gunther von Hagens' imprägnierte Leichen anzusehen.[20]

---

[20] Kultur 1/2000.

Tatsächlich haben weit über eine halbe Million Schweizer die kontroverse Ausstellung gesehen. Inzwischen ist aus den plastifizierten Körperwelten eine der erfolgreichsten Wanderausstellungen weltweit geworden.

Woran liegt das Interesse und der überwältigende Erfolg der doch eher makabren Show? Ist es, wie der Anatom sagt, „die Faszination des Echten", die Möglichkeit, den Körper und seine Funktionen besser zu verstehen?[21] Könnte es sein, dass da auch ein gewisser Voyeurismus, die Lust am Gruseligen, mitspielt? Ist der Blick auf die authentischen Toten vielleicht auch ein Weckruf, bei dem der Betrachter sich seiner eigenen Hinfälligkeit bewusst wird?

Terra incognita

Der Mythos Tod fasziniert die Menschen von jeher. Angst vor dem Sterben haben die meisten – der Rest lügt. Die Vorstellung, dass ich als Individuum nicht unentbehrlich bin, der Gedanke daran, dass es irgendwann heißt: *game over*, die Idee, einmal tot, voll und ganz tot zu sein und einen kalten Abgang in eine total fremde Welt zu machen, ist schlicht erschreckend. Der Chirurg Sherwin Nuland hat über das Geheimnis des Todes geschrieben:

> Der Gedanke an das Lebensende zieht uns alle an. Für die meisten Menschen bleibt der Tod geheimnisumwittert; er ängstigt sie und fasziniert und erregt sie zugleich.

---

[21] „Die Echtheit der gezeigten Präparate ist für den Erkenntnisgewinn wesentlich. Jeder Mensch ist einzigartig. Nicht nur in seinem sichtbaren Äußeren offenbart er seine Individualität, auch im Innern gleicht kein Körper dem anderen. Lage, Größe, Form und Beschaffenheit von Skelett, Muskulatur, Nerven und Organen bestimmen unsere ‚inneren Gesichtszüge'. Dem individuellen, inneren Gesicht widmet sich diese Ausstellung." Gunther von Hagens

> Gerade was uns Angst macht, zieht uns unwiderstehlich an, so als gehe von der Gefahr ein Reiz aus, der an tiefe Schichten unserer Persönlichkeit appelliert... Wir legen die Hand vor die Augen, um uns den Anblick des Schrecklichen zu ersparen, spreizen die Finger aber doch ein wenig, denn irgendetwas in uns kann einem heimlichen Blick nicht widerstehen.[22]

Es ist paradox: auf der einen Seite diese Urangst vor dem unheimlich Unbekannten, auf der anderen Seite die Wahrnehmung eines Hauches aus einer heilen anderen Welt.

Manche Leute haben Grund, das Thema Tod zu verdrängen. Wenn Gott aus dem Bild gekippt wird, gibt es keine andere Welt, das Hier und Jetzt ist dann alles. Ende. Schluss. Feierabend. Wer sich an der Bibel orientiert, stellt fest, dass der Tod keineswegs ein unbekanntes Territorium ist. Mehr als 200-mal wird vom Sterben und mehr als 150-mal vom Tod gesprochen. Der Tod wird auch nicht verharmlosend dargestellt, sondern als Feind beschrieben (1. Korinther 15,26). Das Nachdenken über die eigene Sterblichkeit gehört daher zur Lebenskompetenz. Mose betete:

> *Mach uns bewusst, wie kurz unser Leben ist, damit wir endlich zur Besinnung kommen! (Psalm 90,12 Hfa)*

Das bringt uns zurück zu Salomo. Mit den Fragen über das Lebensende hat er sich bereits zuvor befasst (2,14-23; 3,18-21; 7,1 und 8,8). Jetzt vertieft er seine Gedanken.

---

[22] Nuland, Sherwin. *Wie wir sterben*. Kindler, München, 1993, S. 16.

Vergänglichkeit – im Augenblick leben

Über dies alles habe ich nachgedacht, und ich habe erkannt:
Ein und dasselbe Schicksal trifft sie alle, ob sie nun Gott gehorchen
oder ihn missachten. Dem Guten ergeht es genauso wie dem
Sünder, dem, der schwört, ebenso wie dem, der den Schwur scheut.
Es ist ein großes Unglück, dass alle Menschen auf dieser Welt ein
und dasselbe Schicksal erleiden! Ihr Leben lang sind sie verblendet,
und ihr Herz ist voller Bosheit, bis sie schließlich sterben.
(Prediger 9,1-3 Hfa)

Beim Schachspiel gibt es König, Dame, Türme, Läufer, Springer und Bauern. Jede Figur hat eine unterschiedliche Funktion und besetzt ein anderes Feld. Was geschieht am Schluss eines Spiels, wo enden alle Figuren? In einer Schachtel. Salomo sagt, das Leben sei ganz ähnlich.

Der Gerechte und der Ungerechte, der Moralische und der Lasterhafte, der Stinkreiche und der Mittellose – jeder dankt ab. Jeder Einzelne endet in einer Kiste. Manche werden alt, andere sterben jung, aber es trifft einen jeden.

Woody Allen hat einmal gesagt: „Ich habe keine Angst vor dem Sterben. Ich möchte bloß nicht dabei sein, wenn es passiert." Der Prediger konfrontiert uns mit der Gewissheit: Wir *werden* dabei sein, wenn es passiert. Nicht nur das, Salomo macht noch eine andere unerfreuliche Feststellung: Wir leben unser Leben unter verrückten Menschen. Manche sind so durchgeknallt, dass sie Dinge tun, die nicht erklärbar sind.

Wir kennen die christliche Lehre von der menschlichen Verdorbenheit, doch wir hören nicht viel von der Lehre der menschlichen Verrücktheit. Auch das gibt es. Im Keller jeder menschlichen Seele lauern beängstigende Abgründe. Bosheit und Verrücktheit ergeben eine schreckliche Kombination (vgl. Johannes 3,19; Römer 1,28-32; Epheser 4,17-19).

Kürzlich hat in Deutschland ein 28-jähriger Mann seine 12-jährige Nichte vergewaltigt und mit einem Messer attackiert. Er ließ das Mädchen blutüberströmt liegen. Sie wurde aufgefunden, konnte berichten, was geschehen war, und starb dann im Krankenhaus. Wie will man so etwas erklären? Diabolische Dinge geschehen: „Ihr Herz ist voller Bosheit, bis sie schließlich sterben." Wie lebt man in einer solchen Welt, ohne den Glauben an einen souveränen Gott zu verlieren? Salomo sagt:

Wer lebt, hat noch Hoffnung, denn ein lebendiger Hund ist besser dran als ein toter Löwe! Die Lebenden wissen wenigstens, dass sie sterben werden, die Toten aber wissen gar nichts. Ihre Mühe wird nicht mehr belohnt, denn niemand erinnert sich noch an sie. Ihr Lieben, ihr Hassen, ihre Eifersucht – alles ist mit ihnen gestorben. Nie mehr werden sie beteiligt sein an dem, was auf der Welt geschieht. *(Prediger 9,4-6 Hfa)*

Trotz aller Dramen, trotz allem Unschönen und Unverständlichen: „Wer lebt, hat noch Hoffnung." Der Vergleich zwischen dem lebendigen Hund und dem toten Löwen macht das deutlich. Der Köter, der lebt, ist besser dran als der tote König des Dschungels. Warum? Weil der lebendige Kläffer immer noch reagieren kann.

Er hat mindestens die Möglichkeit, sich zu bewegen. Worauf Salomo hinauswill: Lass dich nicht deprimieren, werde nicht verbittert! Wo es Leben gibt, gibt es Hoffnung: die Hoffnung, sich auf die Begegnung mit Gott vorzubereiten; die Hoffnung, den Alltag sinnvoll zu gestalten; die Hoffnung; für Gott Spuren zu hinterlassen; die Hoffnung, noch etwas zu verändern.

„Die Mühe der Toten wird nicht mehr belohnt" ist wohl ironisch gemeint. Salomo lehrt kein Aufhören der Existenz nach dem Tod. Was wir über das Leben in der Ewigkeit wissen, hat Christus erst durch die Auferstehung offenbart. Aus der Perspektive „unter der Sonne" gesehen, macht Kohelet einen Vergleich: Nach dem Tod gibt es keine Möglichkeit mehr, auf die

Bedürfnisse und Freuden dieses Lebens einzuwirken. Das ist alles, was er sagt.

Statt in Selbstmitleid zu verfallen, rät Salomo zu einer heiteren Einstellung:

> *Also iss dein Brot, trink deinen Wein, und sei fröhlich dabei! Denn schon lange gefällt Gott dein Tun! Trag immer schöne Kleider, und salbe dein Gesicht mit duftenden Ölen! Genieße das Leben mit der Frau, die du liebst, solange du dein vergängliches Leben führst, das Gott dir auf dieser Welt gegeben hat. Genieße jeden flüchtigen Tag, denn das ist der einzige Lohn für deine Mühe.*
> *(Prediger 9,7-9 Hfa)*

„Brot, Wein, schöne Kleider, Parfüm" umfasst das Alltägliche und das Luxuriöse. Salomo schließt nichts aus und fügt auch gleich hinzu: „Genieße das Leben mit der Frau, die du liebst." Der Weise war sich sehr wohl im Klaren darüber, was für ein kostbares Geschenk die Ehe ist, „das Leben mit der Frau, die du liebst". Ist es nicht merkwürdig, dass Salomo, der mehr als tausend Frauen gehabt hat, die Empfehlung abgibt, eine Einzige zu lieben und ihr treu zu sein? Vermutlich hat er seine Jugendliebe geheiratet und ließ dann irgendwann in seiner Suche nach Vergnügen diese eine große Liebe verkümmern. Er hat seinen eigenen Rat nicht befolgt. Seine seriellen Beziehungen sind ihm dann zum Verhängnis geworden (1. Könige 11,1-8).

Wir leben in einer Gesellschaft, die im Blick auf das Eheverständnis einen völlig selbstbestimmten Kurs steuert. Lebenslange Treue ist nicht mehr wünschenswert. Der Lebenspartner auf Zeit trifft das Bedürfnis des modernen Menschen viel besser. Was Gott als Segen bezeichnet, wird von vielen als überholt empfunden. Traurig ist nur, dass die Zahl derer, die mit ihrem Lebensmuster nicht mehr klarkommen, stetig steigt. Dabei verschließt sich lebensnahes Christsein nicht vor der Tatsache, dass geschiedene Menschen einen neuen Anfang verdienen. Doch ist dieses Verständnis nicht gleichbedeutend mit einem Partnerschaft-auf-Zeit-Standpunkt.

„Genieße das Leben mit der Frau, die du liebst, solange du dein *vergängliches Leben* führst, das Gott dir auf dieser Welt gegeben hat." Darüber lohnt sich nachzudenken. Ich weiß, was es heißt, mit ungewisser Zukunft zu leben. Es vergeht kein Tag, an dem ich nicht an meine Hinfälligkeit erinnert werde. Ich habe in vergangenen Jahren zu viel Zeit mit Sorgen um die Zukunft verbracht, als dass ich Salomos Rat in den Wind schlagen könnte. Er sagt: „Genieße jeden flüchtigen Tag."

Ist das eine dekadente Einstellung? Nicht wenn wir Salomo folgen! Der Satz: „Schon lange gefällt Gott dein Tun" erinnert an die Tatsache, dass die Fähigkeit zur Freude von Gott kommt. Er ist die Quelle aller guten Gaben des irdischen Lebens: Brot, Wein, Festivitäten, Arbeit, Ehe und Liebe, alles kommt von ihm, auch die Fähigkeit, diese Gaben auszukosten.

Beachte auch seinen Nachtrag:

> *Alles, was du tun kannst, wozu deine Kraft ausreicht, das tu! Denn im Totenreich, wohin du auch gehen wirst, gibt es weder Tun noch Denken, weder Erkenntnis noch Weisheit. (Prediger 9, 10 Hfa)*

Was für die Lebensfreude gilt, gilt genauso für die Arbeit. Uns muss bewusst sein: Wir gehen diesen Weg nur ein einziges Mal. Wir leben dieses Leben als einmalige Premiere. Es gibt keine weitere Aufführung. Daher: *carpe diem* – nutze den Tag. Arbeite eifrig, spiele intensiv, und vergiss nicht, dass die „Show" ein garantiertes Ende hat (Johannes 9,4). Im Totenreich (hebräisch *Scheol* = Grab) „gibt es weder Tun noch Denken, weder Erkenntnis noch Weisheit". Wie bereits erwähnt, spricht sich Salomo nicht gegen die Weiterexistenz nach dem Tod aus. Seine Aussage ist vielmehr: Unser Tun und Denken werden in der kommenden Welt nicht mehr in derselben Weise bestehen. Daher ermutigt er: Spare deine Kraft nicht auf, warte nicht bis später, warte nicht mit dem Leben, bis du pensioniert bist – die Zeit des guten Mutes ist jetzt, nicht später. Allerdings – ganz unbeschwert geht das nicht:

Ich habe beobachtet, wie es auf dieser Welt zugeht: Nicht die Schnellen gewinnen den Wettlauf und nicht die Starken den Krieg. Weisheit garantiert noch keinen Lebensunterhalt, Klugheit führt nicht immer zu Reichtum, und die Verständigen sind nicht unbedingt beliebt. Sie alle sind gefangen in der Zeit, ein Spielball des Schicksals. Kein Mensch weiß, wann seine Zeit gekommen ist. Wie Fische im Netz gefangen werden, wie Vögel in die Falle geraten, so enden auch die Menschen: Der Tod ereilt sie, wenn sie es am wenigsten erwarten. (Prediger 9,11-12 Hfa)

Auch da liegt ein Geheimnis verborgen. Unsere Biografie ist nicht in jeder Hinsicht programmierbar. Vorteile und Ressourcen bedeuten wenig, wenn sie nur dem eigenen Ich dienen. Salomo nennt in kurzer Abfolge: Geschwindigkeit, Stärke, Weisheit, Intelligenz und Bildung. Nach menschlichem Ermessen gewinnt der Schnelle das Rennen, der Starke den Krieg und der Kluge das Geld.

„Voll daneben", argumentiert Kohelet. Im Plan Gottes gehört das Rennen dem, der in Gottes Kraft läuft. Stärke, Weisheit, Geschwindigkeit und Intelligenz haben nur dann bleibenden Wert, wenn Gott dahinter steht. Salomo sagt wörtlich: „Zeit und Geschick trifft sie alle." Mit „Geschick" ist nicht blindes Schicksal gemeint, sondern für uns unvorhersehbare Ereignisse, die Gott so fügt, dass auch jene überrascht werden, die völlig von ihrer Autonomie überzeugt sind, so überzeugt, dass sie sich einbilden, gegen Versagen und Demütigung immunisiert zu sein.

Die größte Weisheit, die tiefste Einsicht und die besten Pläne können nicht bestehen, wenn sie gegen Gott gerichtet sind. Man kann sich noch so gut auf einen Kampf vorbereiten – den Sieg schenkt Gott allein! (Sprüche 21,30-31 Hfa)

Einmal mehr sind wir mit einem Rätsel konfrontiert. Menschliche Fähigkeit ist keine Garantie für Erfolg. Gott kann jederzeit Ereignisse so geschehen lassen, dass wir überrascht werden. Wer nicht im Bewusstsein der Todesnähe lebt, steht in Gefahr, „wie ein Fisch im Netz gefangen zu werden".

Fazit: Die Realität der Sterblichkeit ist ein Mysterium. Wir verstehen nicht, warum für die einen der Tod früh und für andere spät kommt, warum ein kerngesunder Athlet plötzlich zusammenbricht, warum ein Unfallopfer jahrelang im Koma liegt. Was uns Kohelet zeigt: Wir können lernen, mit dem Schatten des Todes zu leben, indem wir lernen, uns zu freuen an den kleinen alltäglichen Freuden, die Gott schenkt. *Carpe diem* – lebe den Tag! Du kannst deinem Leben nicht mehr Tage geben, aber deinem Tag mehr Leben.

Vergesslichkeit – in Ruhe hören

Ich habe noch einen Fall von Weisheit unter der Sonne miterlebt, und er hat mich tief beeindruckt: Es war eine kleine Stadt, in der nur wenige Leute wohnten. Da zog ein mächtiger König gegen sie heran, belagerte sie und ließ gewaltige Bollwerke gegen sie anführen. Nun aber fand sich in ihr ein armer weiser Mann, der rettete die Stadt durch seine Weisheit, aber niemand gedachte dieses armen weisen Mannes. (Prediger 9,13-15 Bruns)[23]

Auf den ersten Blick ist nicht klar, wie diese Story zum vorigen Thema passt, doch in der Tat besteht ein Zusammenhang. Salomo befasst sich noch immer mit Weisheit. Der Weise hat bestimmte Vorteile: Weil er den Gedanken an seine Hinfälligkeit nicht verdrängt, wird ihn der Tod (hoffentlich) nicht überraschen. Weil der Weise klug handelt, kann er auch manchen Schaden abwenden. Die Geschichte der kleinen Stadt illustriert diesen Punkt.

---

[23] „Hoffnung für alle" und einige andere Übersetzungen berichten in der Möglichkeitsform: „Er hätte die Stadt durch seine Weisheit retten können", wörtlich heißt es jedoch: Er rettete die Stadt und wurde vergessen.

Ein solcher Triumph der Weisheit über brutale Macht war vermutlich relativ frisch in Salomos Erinnerung: Joab, der Heerführer seines Vaters David, belagerte die kleine Stadt Abel im Norden Israels. Dort verschanzte sich ein Aufständischer. In der Stadt lebte eine kluge Frau. Sie verhandelte mit Joab und war erfolgreich. Ihrer Weisheit verdankte das kleine Kaff die Bewahrung vor der sicheren Zerstörung (2. Samuel 20,14-22).

Zur Geschichte in Kohelet werden keine weiteren Details erwähnt. Wie die Gefahr gebannt wurde und welche Verhandlungstaktik den Erfolg brachte, bleibt offen. Aber das zu wissen, ist auch gar nicht erforderlich. Der Scheinwerfer soll einzig die Tatsache beleuchten, dass der Weise auf weisen Rat hört und dass sich kluges Verhalten lohnt, auch wenn daraus keine Wertschätzung resultiert. Der alte Mann hat für seine Tat keine Anerkennung bekommen. Aber sein Verhalten hat Spuren hinterlassen. Andere haben durch ihn profitiert. Die Tatsache, dass er in Vergessenheit geriet, gibt Salomo Anlass für eine Warnung:

> *Da sagte ich mir: Weisheit ist besser als Stärke, aber die Weisheit des Armen schätzt man nicht, und seine Worte verhallen ungehört. Dabei sind die Worte der Weisen, die man in Ruhe anhört, viel mehr wert als das Brüllen eines Herrschers unter Toren.*
> *(Prediger 9,16-17 Bruns)*

Die Worte des Erfahrenen, die man in Ruhe anhört, sind mehr wert als das Geschwätz eines Narren. Salomo beendet den Eintrag in sein Journal mit dieser Feststellung: Erfahrene Menschen sind oft schlichte Leute, daher werden sie unterschätzt und vergessen.

Wen übersiehst du? Wer ist es in deinem Leben, den du vermehrt anhören solltest? Wo kannst du von einem Weisen lernen?

So achtet also sorgfältig darauf, wie ihr euer Leben führt!
Lebt nicht einfach drauflos wie die unvernünftigen Leute, sondern
seid weise. Nützt die Zeit; denn wir durchleben böse Tage.
(Epheser 5,15-16 Hfa)

Weil meine Zeit begrenzt ist, will ich mich öfter an den kleinen
Dingen des Alltags freuen. Weil meine Tage gezählt sind, will
ich denen ruhig zuhören, die etwas zu sagen haben. Salomos
Tagebuchbericht lässt sich so auf den Nenner bringen:

Die Auseinandersetzung mit der eigenen Sterblichkeit
öffnet die Augen für das Wesentliche.
Wer auf Abruf lebt, lebt bewusster.

Fenster zum Alltag

Memento mori – gedenke des Todes – so könnte man Prediger 9 in Kurzform beschreiben. Wenn du an deinen eigenen
Tod denkst, was beschäftigt dich am meisten? Die Frage nach
der Beziehung zu Gott wird irgendwann unheimlich wichtig.
Hoffentlich nicht zu spät für dich!

Im Augenblick leben

Robert Lembke sagte einmal: „Manche Menschen richten sich
ihr Leben ein wie einen Parcours – alle paar Meter ein künstli-
ches Hindernis." So manche unserer Probleme sind in der Tat
hausgemacht. Manche von uns werden von mächtigen Freu-
denkillern blockiert. Bitte überdenke, was bei dir zutrifft:

☐ Perfektionismus
☐ Pessimismus
☐ Fatalismus
☐ Zynismus

- ☐ Gesetzlichkeit
- ☐ Verkrampftheit
- ☐ Humorlosigkeit
- ☐ Unnachsichtigkeit
- ☐ Unzugänglichkeit
- ☐ Konkurrenzdenken
- ☐ Neidgefühle
- ☐ _____

Gibt es ein Beispiel, wo du dich kürzlich in einer Negativspirale befunden hast? Was hilft dir, davon loszukommen?

Wer lernt, bewusst die kleinen Freuden des Alltags auszukosten, wird ein dankbarer und damit umgänglicherer Mensch. Das könnte ein Weg sein, wie dein Glaube in die Tiefe wächst. Bitte überdenke Philipper 4,4-9 und erstelle eine Liste aller positiven und Mut machenden Verben in diesem Abschnitt.

In Ruhe hören

Salomo sagt: Die Worte des Erfahrenen sind mehr wert als das Gedöns des Schwatzhaften. Hast du schon mal überlegt, dass dein Mundwerk dein Handwerk zerstören könnte? Vielleicht macht es auch Sinn, über das eigene Hörverhalten nachzudenken. Von wem lässt du dir etwas sagen? Was ist für dich ungeklärt beim Gedanken an das Abschiednehmen von dieser Welt? Jakobus 1,19-25 ist ein guter Startpunkt für eine Neuausrichtung.

Kapitel 9
Vom Umgang mit Toren

Prediger 10

S ie ist Richterin am Familiengericht in New York und hat in den USA eine eigene Fernsehsendung, in der sie Fälle live verhandelt. Bekannt und beliebt wurde Judy Sheindlin durch ihre unverblümte Art. Als Familienrichterin hat sie mit Tausenden von Frauen aller Altersgruppen in den verschiedensten Lebensumständen zu tun gehabt. Sie sagt von sich selbst: „Ich glaube, ich bin zu so etwas wie einer Expertin geworden, warum Frauen unkluge Entscheidungen treffen." Sie hat ein provokatives Buch geschrieben mit dem Titel „Schönheit geht, Dummheit bleibt". Ihre These: Sogar gut aussehende Menschen wirken unattraktiv, wenn sie ihren Verstand ausschalten.

Egal in welchem Alter, Sie haben immer die Chance, eine Hauptrolle in Ihrem eigenen Abenteuer einzunehmen. 50 zu sein kann fabelhaft sein; 60 sensationell. Jedes Alter bietet etwas, das Sie vorher nicht hatten – und ich spreche nicht von Falten und Leberflecken. Die Geschichte Ihres Lebens handelt von genau einem Thema – von Ihnen. Was Sie daraus machen – allein oder mit einem Partner, mit Kindern oder kinderlos, hübsch oder weniger schön, wohlhabend oder Mittelstand –, das wird die Geschichte sein, die geschrieben wird. Es liegt in Ihrer Hand, wie diese Geschichte endet. Gutes Aussehen ist ein Plus. Mir scheint, dass das, was Sie aus Ihrer körperlichen Erscheinung machen, wichtig für Ihre Selbstachtung ist und dadurch Vertrauen aufbaut. Es gibt aber nur sehr wenige Sharon Stones – und sogar Sharon Stone ist keine 30 mehr. Wir müssen uns auf unseren Kopf verlassen, unseren Verstand, unsere Fähigkeiten. Wir sollten uns darauf konzentrieren, kluge Entscheidungen für unsere Karriere zu treffen, und unsere Ehemänner clever auswählen. Selbstachtung und Sinn für Humor zu wahren, die unweigerlichen Herausforderungen und Frustrationen des Lebens im Auge zu behalten, hilft ebenfalls sehr. Es ist eine wunderbare Welt. Die Hälfte der Weltbevölkerung sind Frauen, und es ist an der Zeit für uns, mindestens die Hälfte Spaß abzubekommen.[24]

Die Richterin will Frauen helfen, aus der Torheitsfalle auszubrechen. Ein sinnvolles Anliegen. Nach ihrer Erfahrung besteht eine feminine Dummheit manchmal darin, dass Frauen bei der Wahl ihres Ehepartners oft naiv sind und ihre eigenen Bedürfnisse verleugnen. Salomo hat zwar in seinem nächsten Tagebucheintrag weder die Frage der Partnerwahl noch das Zusammenleben mit einer törichten Person explizit im Sinn, doch seine Gedanken sind eine Fundgrube gerade für solche Situationen.

Neunmal erscheinen die Begriffe „Tor" oder „Torheit" in diesem Kapitel. Und auch bevor Salomo seinen Exkurs beendet, bestätigt er einmal mehr den Wert der Weisheit und warnt davor, sich dämlich zu verhalten.

Eine Reihe von lose verbundenen Maximen folgen:

Tote Fliegen bringen duftende Salben zum Stinken, und schon eine kleine Dummheit zerstört die Weisheit und das Ansehen eines Menschen. (Prediger 10,1 Hfa)

Salomo ist weniger interessiert an toten Insekten und teurem Öl. Dies sind lediglich Bilder, die etwas Wichtigeres illustrieren sol-

---

[24] Sheindlin, Judy. *Schönheit geht, Dummheit bleibt.* Mvg, Landsberg am Lech, 2000, S. 18.

len: Ein wenig Schwachsinn mag unscheinbar sein wie eine tote Fliege im Salbentopf, aber täusche dich nicht, die Folgen sind weitreichend. Ein kleines, lästiges Insekt kann etwas Kostbares ruinieren. Zerstören ist einfacher als aufbauen. In salomonischer Umgangssprache: Etwas Stinkendes ist schneller produziert als etwas Wohlriechendes! Ein plötzlicher Fehltritt, ein unkontrollierter Trieb, ein törichter Impuls – wie viele haben nicht schon durch einen einzigen leichtsinnigen Moment einen guten Start abgebrochen oder einen langen Lauf zunichtegemacht.

In einer BBC-Dokumentation mit dem Titel „Gefährliche Leidenschaft" berichtet ein 50-jähriger britischer Friseur, wie er aus einem spontanen Impuls heraus eine Kundin, die er seit vielen Jahren kannte, geküsst hat. Es war, als hätte er ein Streichholz in einen Benzintank geworfen. Der glücklich verheiratete Mann schilderte im Interview, wie eine leidenschaftliche Beziehung zu dieser Frau entflammt ist, die er weder kontrollieren wollte noch später konnte. Wohl wissend, dass er eine intakte Familie ins Unglück stürzte, traf er seine heimliche Flamme immer wieder. Wenige Monate später packte er seine Sachen und verließ nach 20 Jahren Ehe alles, was er aufgebaut hatte. Rückblickend erkannte er reuevoll: „Zerstören ist einfacher als aufbauen." Die Einsicht kam zu spät. Das Geständnis seiner Dummheit war erbärmlich anzuhören.

„Torheit" ist ein Begriff, den wir nicht oft verwenden, die Bibel jedoch häufig benutzt. Gemeint ist ein Mangel an gesundem Menschenverstand, ein Mangel an Weitsicht, die Unfähigkeit, die Konsequenzen einer stupiden Handlung abzuschätzen, bevor sie vollzogen wird. Der Tor hat dabei weniger ein intellektuelles als ein moralisches Problem (Jeremia 5,21). Auch gebildete Leute können durchaus törichte Entscheidungen fällen.

> Wenn wir jemanden für dumm halten, meinen wir, einen Mangel an Unterscheidungs- und Urteilsvermögen festzustellen; wenn wir Handlungen als dumm erachten, meinen wir solche, die dem Betreffenden selbst – und

möglicherweise auch anderen – schaden. Dass auch gescheite Leute Dummheiten machen können, ist bekannt; denn Leidenschaften machen blind, Geldgier benebelt, Autoritätsgläubigkeit schränkt ein. In der Regel wird Dummheit also Personen oder Handlungen zugeschrieben.[25]

In einer sinnentleerten Welt haben wir es mit beidem zu tun: mit beschränkten Menschen und bekloppten Taten. Einmal mehr sind wir *alle* Betroffene.

Auch Christ zu sein schützt nicht vor Torheit. Religiöse Menschen können Schwachsinn erzählen, närrische Taten vollbringen, den Stallgeruch geistiger Dürftigkeit verbreiten. Die Frage ist berechtigt: Gibt es irgendwelche toten Fliegen, die aus der Salbe deines Lebens zu entfernen sind? Salomo möchte dabei behilflich sein.

Der Unzugängliche – entsorge deinen Groll!

Ein erfahrener Mensch trifft die richtige Entscheidung, aber der Unbelehrbare trifft stets daneben. Seine Dummheit zeigt sich bei jedem Anlass, und alle sagen von ihm: „Der hat keinen Verstand."
(Prediger 10,2-3 Hfa)

„Der Unbelehrbare trifft stets daneben." Das ist eines der Markenzeichen des Beschränkten: Er lernt nicht aus seiner Erfahrung. Er ist uneinsichtig. Er löst ein Problem, indem er ein anderes schafft. Bei einer unterbelichteten Person weiß man nie, wie sie sich entwickelt! Im Zusammenleben ist das Stress hoch zwei.

---

[25] Wertheimer, Jürgen. *Strategien der Verdummung*. Beck, München, 2001, S. 31.

Wer auf Partnersuche ist: Hände weg von solchen Leuten! Das ist ein sicheres Ticket für Trouble. Der Weise handelt einsichtig. Er lässt sich etwas sagen. Zudem ist er zugänglich für den Standpunkt des anderen, das macht ihn einfühlsam und auch sympathisch.

Der nächste Satz ist pointiert-ironisch: „Die Dummheit des Toren zeigt sich bei jedem Anlass." Für das geübte Auge Salomos ist der Tor identifizierbar. Er kann nur durch totales Schweigen verbergen, was er ist (Sprüche 17,28). Aber selbst das gelingt ihm nicht. Er ist *zu sehr von sich selbst eingenommen*, als dass er davon absehen könnte, jedem, den er trifft, seinen Standpunkt aufzuschwatzen.

> *Für einen Törichten ist es unwichtig, ob er von einer Sache etwas versteht; er will nur überall seine Meinung sagen.*
> *(Sprüche 18,2 GNB)*

Er will jedem zeigen, wie klug er ist, und genau das macht ihn zum Toren. In einer gefallenen Gesellschaft ist es „normal", dass auch unvernünftige Leute Karriere machen. Salomo ist Realist, er weiß, dass manche Chefetagen und Führungsposten mit unverständigen Leuten besetzt werden. Wie gehen wir damit um? Der Rat des Predigers ist ebenso einfach wie bewährt:

> *Wenn ein Machthaber zornig auf dich ist, dann vergiss nicht, dass du ihm unterstellt bist! Bleib gelassen, dadurch vermeidest du große Fehler! Etwas Schlimmes habe ich auf dieser Welt beobachtet, einen großen Fehler, den Machthaber immer wieder begehen: Die Törichten bekommen die höchsten Posten, und die Vornehmen werden übergangen. Ich habe Knechte hoch zu Ross gesehen und Fürsten, die wie Knechte zu Fuß gehen mussten.*
> *(Prediger 10,4-7 Hfa)*

Der Begriff „Machthaber" lässt Spielraum: Das kann ein Vorgesetzter, ein Politiker, irgendjemand in einer Autoritätsposition sein. Ein Boss, der ausflippt, ein Chef mit aggressiven Allüren, ein Abteilungsleiter, der aus der Haut fährt, alltägliche Situationen, die herausfordern. Wie reagiert der Weise? Er erkennt bestehende Machtverhältnisse an (vgl. Matthäus 10,16). Ein Satz bringt es auf den Punkt: „Bleibe gelassen, dadurch vermeidest du große Fehler!"

Christus hat in der Bergpredigt dasselbe gesagt: „Glücklich jene, die auf aggressives Verhalten verzichten" (Matthäus 5,5). Konkreter: Wenn ein Vorgesetzter sich töricht benimmt, verhalte dich nicht wie ein Simpel, brause nicht auf, stürme nicht aus der Sitzung, mache nicht denselben Fehler. „Bleibe gelassen." Ein ruhiger Geist wird ein hitziges Temperament dämpfen. Du wirst dir damit selber Stress ersparen.

Das Neue Testament macht klar, dass glaubwürdiges Christsein sich auch daran zeigt, ob ich in einer solchen Situation Gleiches mit Gleichem vergelte oder ob mein Gewissen an Gott gebunden ist:

> *Euren Vorgesetzten sollt ihr euch mit der notwendigen Achtung unterordnen; aber nicht nur den guten und freundlichen, sondern auch den ungerechten und lieblosen müsst ihr gehorchen. Es ist eine besondere Gnade, wenn jemand deshalb Böses erträgt und Unrecht erduldet, weil er in seinem Gewissen an Gott gebunden ist.*
> *(1. Petrus 2,18-19 Hfa)*

Salomo hegt keine Illusion: Ganz oben in den Hierarchien sitzen oft die falschen Leute. Inkompetenz, Manipulation, Filz …, warum erlaubt Gott, dass die Törichten die besten Posten bekommen? Warum erlaubt er, dass unfähige Günstlinge über jene gestellt werden, die viel besser qualifiziert wären? Leider ist das nicht nur in der Geschäftswelt der Fall, manchmal ist auch die Gemeindewelt davon betroffen. Nicht immer tragen die am besten Qualifizierten Verantwortung. Gott hat seine Pläne nicht offengelegt. Er schuldet uns auch keine Erklärung.

Das Geheimnis des Unerklärlichen werden wir nicht lüften; was wir aber können, ist, Geduld zu üben und unseren Groll zu entsorgen. Konkret gefragt: Welche uneinsichtige Person in deinem Umfeld weckt in dir Aggression? Wie gelingt es, ruhiger und gelassener zu reagieren?

Ein zweites Merkmal des Unvernünftigen hat mit seinem Risikoverhalten zu tun:

Der Unüberlegte – entlaste dein Gewissen!

> *Wer eine Grube gräbt, kann hineinfallen, und wer eine Mauer abreißt, kann von einer Schlange gebissen werden. Wer im Steinbruch arbeitet, kann sich dabei verletzen, und wer Holz spaltet, bringt sich in Gefahr. (Prediger 10, 8-9 Hfa)*

> *Wenn die Axt stumpf geworden ist und man sie nicht schärft, dann muss man sich doppelt anstrengen. Wer aus Erfahrung klug geworden ist, kann sich manches ersparen. Der Schlangenbeschwörer hat nichts von seiner Kunst, wenn die Schlange beißt, ehe er sie beschworen hat. (Prediger 10, 10-11 GNB)*

Oberflächlich betrachtet sieht es aus, als ob der Prediger lediglich sagt: „Jeder Job hat seine Gefahren." Aber wozu diese banale Feststellung? Wieso gebraucht er fünf verschiedene Beispiele, um etwas so Offensichtliches zu illustrieren?

Salomo schreibt nicht bloß über Gruben, Steinbrüche und Waldarbeit, ihm geht es um mehr als um Schlangen und stumpfes Werkzeug. Sein Thema ist immer noch Torheit und naives Verhalten. Der Leitsatz des Weisen lautet: „Wer aus Erfahrung klug geworden ist, kann sich manches ersparen." Weisheit bringt Vorteile, Torheit schafft Nachteile. Jedes Verhalten im Leben birgt bestimmte Risiken. Der Weise wird im Gegensatz zum Naiven die Gefahren in Betracht ziehen. Er blickt voraus und ergreift, wo es möglich ist, Vorsichtsmaßnahmen.

Die beschriebenen Umstände sind für damalige Verhältnisse alltäglich genug:

- Gruben graben und hineinfallen
- Mauern abbrechen und von einer Schlange gebissen werden
- Steine klopfen und verletzt werden
- Holz spalten und sich gefährden
- Bäume fällen und sich überanstrengen

Im Beispiel des Holzfällers scheint trockener Humor durch: Er überanstrengt sich, weil er sich mit einer ungeschliffenen Axt abmüht. So etwas von dämlich. Wir werden daher aufgefordert, unseren Verstand in Gang zu setzen. Der Weise lernt aus Erfahrung. Der Dummkopf macht stur und verbohrt weiter und kriegt schließlich eine Herzattacke.

Während der Schulzeit verbrachte ich meine Herbstferien bei einem Landwirt im Toggenburg (Kanton St. Gallen). Montagmorgen, erster Tag, erster Job: Holz sägen im Wald. Ich hatte null Erfahrung in der Forstwirtschaft, dafür aber großen Eifer. Prompt sägte ich mir in den ersten fünf Minuten so tief in den Zeigefinger, dass ein Dutzend Nähte nötig waren, um den Finger zusammenzuflicken. Eine Narbe erinnert mich bis auf den heutigen Tag an diese Lektion: Unüberlegtes Verhalten tut weh!

„Gruben graben und hineinfallen": Der Törichte gräbt Gruben für andere und verletzt sich dann selbst (vgl. Ester 7,9-10). „Mauern abbrechen und von einer Schlange gebissen werden": Der Narr schafft zudem Hindernisse aus dem Weg, um einen Vorteil zu erreichen oder jemanden zu übervorteilen. Und was passiert? Er wird gebissen.[26] In dem, was wir meinen, unbedingt haben zu müssen, kann eine Gefahr stecken. Der Weitsichtige bedenkt das (vgl. Psalm 106,14-15).

---

[26] Schlangen haben in Israel oft in den Mauernischen der porösen Lehmhäuser Zuflucht gesucht.

Schließlich ist da noch das Beispiel des Schlangenbeschwörers. Die Schlange beißt, bevor sie „beschwört" wird. Der Besitzer des Reptils war dumm. Er hätte gewusst, was zu tun war, und tat es nicht oder zu spät.[27] Die Anwendung ist einfach: Viele von uns haben Seminare besucht, an Vorträgen teilgenommen und Predigten gehört. Wir wissen, was zu tun ist, und werden doch von der Schlange gebissen. Wissen allein nützt nichts. – Der gemeinsame Nenner der fünf Beispiele liegt im *unüberlegten Verhalten*.

Der Törichte denkt nicht voraus, er schadet sich selbst, und er lernt nicht aus solchen Erfahrungen. Einfühlsame Leute beobachten das, wollen helfen und machen sich ein Gewissen, wenn sie feststellen, dass die Betreffenden immer wieder „gebissen" werden. Doch ist das gar nicht nötig. Der Lernresistente ist nämlich nicht *dein* Problem. Salomos Empfehlung:

> *Verschwende deinen guten Rat nicht an oberflächliche Menschen, die ihn doch nicht zu schützen wissen. (Sprüche 23,9 GNB)*[28]

Das heißt: Du bist nicht verantwortlich für die Fehler anderer. Kümmere dich um deine eigenen Fettnäpfe, das reicht vollauf.

Kohelet präsentiert in seiner „Parade der Toren" noch eine dritte Figur:

---

[27] Schlangenbeschwörung war in jener Zeit eine verbreitete Form der Unterhaltung, Psalm 58,5-6; Jeremia 8,17. Schlangen haben keine äußeren Ohren. Klänge nehmen sie durch die Knochenstruktur des Kopfes wahr. Mehr als die gespielte Musik hält die Kunst der Bewegung des Beschwörers ihre Aufmerksamkeit fest.

[28] Vgl. Sprüche 13,20; 14,7; 26,8; 29,9.

Der Unberechenbare – entschärfe deine Gespräche!

Ein weiser Mensch wird geachtet für seine Worte; aber ein Dummkopf richtet sich durch sein Gerede selbst zugrunde. Wenn er seinen Mund aufmacht, hört man nichts als dummes Geschwätz – es bringt nur Unheil und Verblendung! Ja, solch ein Mensch redet ununterbrochen. Dabei weiß keiner, was die Zukunft bringt; niemand sagt ihm, was nach seinem Tod geschehen wird. Wann endlich wird der Dummkopf vom vielen Reden müde? Nicht einmal den Weg in die Stadt findet er! (Prediger 10,12-15 Hfa)

Alle Weisheitsliteratur beschäftigt sich irgendwann mit dem Schwatzhaften. Das Thema ist unausweichlich, weil das verbale Verhalten eines Menschen ein untrüglicher Weisheitstest ist (vgl. Jakobus 3,4-6). Wörtlich heißt es in Prediger 10,12: „Weise Worte sind barmherzig und mild." Ganz anders wird das Porträt des Toren gezeichnet: „Er richtet sich durch sein Gerede selbst zugrunde." Der Narr erzählt blühenden Unsinn, und je mehr er redet, desto mehr Unsinn verzapft er. Statt zuzuhören, dominiert er jede Konversation. Man würde denken, dass diese Person irgendwann merkt, wie deplatziert solches Verhalten wirklich ist. Aber nein, Salomo sagt: „Solch ein Mensch redet ununterbrochen." Der Tor multipliziert Worte. Worte, Worte, Worte und noch mehr Worte. Endlos. Unaufhörlich. Er redet über alles, als sei er der größte lebende Experte für jedes Thema. Der Schwätzer wird so zur unberechenbaren Zeitbombe. Du kannst darauf zählen, dass sie irgendwann hochgeht. Wer so viel redet, wird Dinge sagen, die nicht wahr sind. Er wird Versprechungen machen, die er nicht einhält, und er wird andere verletzen, ohne es zu merken (vgl. Matthäus 5,37).

„Wann endlich wird der Dummkopf vom vielen Reden müde? Nicht einmal den Weg in die Stadt findet er." Darin steckt wiederum eine Prise Humor und Ironie. Der Unweise brüstet sich mit seinen Zukunftsplänen und erschöpft Menschen mit seinem Gerede, aber er ist zu dumm, den Weg in die Stadt zu finden. Er quatscht so viel über die Zukunft, dass er seine Orientierung in der Gegenwart verliert.

Persönliche Frage: Was wäre, wenn du bei einer Selbstprüfung feststellen würdest, dass du manchmal mehr redest, als dir oder anderen guttut? Vielleicht musst du lernen, dem Tor in dir selber in die Augen zu schauen.

> *Vor allem sei du in jeder Hinsicht ein gutes Vorbild. Das gilt für alles, auch für dein persönliches Leben. Was immer du sagst, soll wahr und überzeugend sein. (Titus 2,7–8 Hfa)*

Salomos Exkurs auf einen Nenner gebracht:

> *Diskretion und Vorsicht sind weise Ratgeber.*
> *Bewahre in allem eine gesunde, kritische Denkdistanz,*
> *das erspart dir unnötiges Leid.*

Fenster zum Alltag

> *Die Unverständigen behaupten frech: „Einen Gott, mit dem man rechnen müsste, gibt es nicht!" „Der Herr schaut vom Himmel auf die Menschen. Er will sehen, ob es wenigstens einen gibt, der einsichtig ist und nach seinem Willen fragt." (Psalm 14,1–2)*

Jemand sagte einmal: „Wir werden zu schnell alt und zu spät weise." In der Tat: Alter nimmt schneller zu als Einsicht. Bis wir Lebenskompetenz erworben haben, ist es oft zu spät, um sie anzuwenden. Salomo will helfen, das zu vermeiden.

Entsorge deinen Groll!

Eigensinn ist die Energie des Uneinsichtigen. Der Umgang mit solchen Menschen ist mühsam. Wie begegnest du einem aggressiven Vorgesetzten? Wie einem starrsinnigen Ehepartner? Welches sind deine Optionen? Wie erklärst du dir den scheinbaren Widerspruch in Sprüche 26,4-5?

Entlaste dein Gewissen!

Manche Christen sind so mit sich selbst beschäftigt, dass sie gar nicht wahrnehmen, was um sie herum geschieht. Andere wiederum plagt ein Helfersyndrom, sie machen sich ein Gewissen, wo es gar nicht angebracht ist, und übersehen gleichzeitig die Fettnäpfchen vor der eigenen Türe. Wo neigst du selbst zu unüberlegtem Verhalten? Lass dir von Jakobus den Weg zur Entlastung zeigen, vgl. Jakobus 1,5; 3,17 und 5,16.

Entschärfe deine Gespräche!

Besser schweigen und als Narr erscheinen, als reden und jeden Zweifel beseitigen! Beim Gespräch kann sich jeder als Tor entpuppen. Bitte jemanden, der dich gut kennt, deine verbalen Verhaltensmuster zu beurteilen. Bleibe gelassen, egal wie das Feedback ausfällt. Vgl. Kolosser 4,6 und Jakobus 1,26.

Kapitel 10
Auf richtigem Kurs

Prediger 11-12

Niemals würde Marco Huber seinen Arbeitsplatz in der Stadtverwaltung von Groß-Umstadt im Odenwald ohne Jackett, Hemd und Krawatte betreten. Das ist er seinem Status schuldig. Denn erstens ist er „die rechte Hand des Bürgermeisters", wie er sagt, und zweitens „der schickste Mann der Welt". Zufrieden streicht er über seinen blauen Schlips und isst vom Kuchen auf dem Kaffeetisch. Er hat es eilig, denn es ist Mittwoch, und er muss zum Fußballtraining radeln, wo er stets mindestens 20 Minuten vor allen anderen erscheint. Neben der Bürokratie in Groß-Umstadt, die ohne ihn zusammenbrechen würde, ist Fußball seine zweite große Leidenschaft. Und auch dort läuft nichts ohne ihn, denn: „Der Star bin ich." – „Gott, bist du eingebildet", sagt seine jüngere Schwester Jasmin. „Manchmal bist du ein furchtbarer Macho", meint seine Mutter Ingeborg. „Nein", sagt Marco im Hinausgehen vergnügt. „Ich bin ein Siegertyp. Ich bin zum Siegen geboren." Womit er recht hat. Seit er vor 29 Jahren auf die Welt kam, war er immer überall der Erste. Er war der erste Junge mit Downsyndrom im Kindergarten seines Heimatdorfes Nieder-Klingen. Er war das erste Kind mit Downsyndrom an der Schule für Lernhilfe. Er war der erste Teenager mit Downsyndrom, der an einem berufsvorbereitenden Lehrgang am Jugendwerk in Darmstadt teilnahm. Und jetzt ist er der erste Angestellte mit Downsyndrom in Groß-Umstadt. Natürlich war er auch der Erste seiner Art im Turnverein und beim Volkstanzen ebenso wie im Fußballklub und am Stammtisch des TV Nieder-Klingen. Als er einmal nicht der Erste und Einzige war, nämlich im Schwimmkurs für Gehandicapte, quengelte er prompt: „Mama, die sind hier ja alle behindert!"[29]

Ein Down-Syndrom-Kind, das sich selbst als Siegertyp sieht. Für die Eltern war es allerdings zunächst eine schwierige Erfahrung. Als der Junge zur Welt kam, sagte der Arzt nach der Geburt zur Mutter: „Ihr Sohn ist behindert, daran wird sich nichts ändern. Sie werden ein ewiges Sorgenkind haben." Das war alles.

Ingeborg Huber betrachtete ihr Baby und dachte: Er wird nie alleine essen können, er wird nie laufen lernen, er wird nie glücklich werden. Mutterseelenallein habe sie sich damals gefühlt, verlassen selbst von Gott, an den sie glaubte. Und doch hat der sie nicht im Stich gelassen. Erst viel später zeigte sich, dass die Geburt des behinderten Kindes kein sinnloser Zufall war.

Um die Sinnfrage geht es auch im letzten Kapitel. Für uns, die wir unter der Sonne leben, ist so manches im Nebel verborgen, so manches bleibt unverständlich.

> *Ich wollte herausfinden, ob der Mensch die Ursachen dessen, was auf der Erde geschieht, begreifen kann. Aber ich musste einsehen: Ein Mensch kann das, was Gott tut und was er unter der Sonne geschehen lässt, niemals in seinem Zusammenhang wahrnehmen.*
> *(Prediger 8, 16-17 GNB)*

„Lohnt es sich zu leben?" Das war die Frage zu Beginn des Prediger-Buchs. Salomo kam zu der pessimistischen Schlussfolgerung, das Leben sei nicht lebenswert! Vier Gründe scheinen seinen Befund zu bestätigen:

---

[29] Stern, 23/2004, S. 175.

1. die Eintönigkeit des Alltags;
2. die Beschränktheit der Weisheit;
3. die Vergänglichkeit des Reichtums;
4. die Gewissheit des Todes.

Unter der Sonne betrachtet, aus rein horizontaler Sicht, stimmt das. Ohne Gott hat tatsächlich *nichts* einen bleibenden Sinn. Doch am Ende seines Tagebuches überprüft der Weise seinen Befund nochmals. Er bringt Gott mit ins Bild, und dann sieht die Situation anders aus. Der Alltag muss kein dröges Einerlei sein. Gott kann jeden von uns dort abholen, wo wir es nicht erwarten. Natürlich stimmt es auch, dass menschliche Weisheit schnell an Grenzen stößt, daher brauchen wir Gottes Offenbarung. Und was ist mit dem vergänglichen Reichtum? Gott beschenkt uns, damit wir in der Lage sind, auch andere zu beschenken. Es bleibt die Gewissheit des Todes. Da gibt es kein Ausweichen, darum macht es Sinn, unsere kurze Lebenszeit auszukosten.

Salomo beendet sein Tagebuch mit einem Schlusswort und einer persönlichen Anwendung. Er zeichnet drei Lebensbilder und hängt an jedes einen Imperativ:

• Das Leben ist ein Abenteuer: Sei mutig!
• Das Leben ist ein Geschenk: Koste es aus!
• Das Leben ist eine Herausforderung: Nimm sie wahr!

Sei mutig!

Setz dein Hab und Gut ein, um Handel zu treiben, und eines Tages wird es dir Gewinn bringen. Verteil deinen Besitz auf möglichst viele Stellen, denn du weißt nicht, ob ein großes Unglück über das Land kommt und alles zerstört. Wenn die Wolken voll Wasser sind, wird es auch regnen, und wohin ein Baum fällt, dort bleibt er liegen. Wer ängstlich auf den Wind achtet, wird nie säen; und wer auf die Wolken schaut, wird nie ernten. Du weißt nicht, aus

welcher Richtung der Wind kommen wird; du siehst nicht, wie ein
Kind im Mutterleib Gestalt annimmt. Ebenso wenig kannst du die
Taten Gottes ergründen, der alles bewirkt. Säe am Morgen deine
Saat aus, leg aber auch am Abend die Hände nicht in den Schoß!
Denn du weißt nicht, ob das eine oder das andere gedeiht – oder
vielleicht beides zusammen! (Prediger 11,1-6 Hfa)

Weil wir Gottes Handeln nicht im Detail verstehen, oft nicht einmal ansatzweise, bleibt uns nur eines: mit Zuversicht Schritte unternehmen, dort wo er uns hingestellt hat. Verschiedene Beispiele illustrieren diesen Rat. Im ersten Vers heißt es wörtlich: „Wirf dein Brot hin auf die Wasserfläche – denn du wirst es nach vielen Tagen wiederfinden!" Das Sprichwort kommt aus der Welt des Kommerzes. Handelsschiffe kehrten nach einer unbestimmten Zeit aus dem Ausland mit einem Profit zurück. Ebenso sollen wir mutig sein und ohne eigensüchtige Motive handeln, im Bewusstsein, dass Gott unsere Investitionen einmal belohnen wird. Sie kommen zurück auf den Geber.

Der Handeltreibende musste monatelang warten, bis seine Schiffe zurückkehrten. Erst dann wurden seine Geduld und sein Vertrauen belohnt. Er investierte seinen Gewinn auch nicht an einem einzigen Ort, sondern verteilte seine Anlagen, „denn du weißt nicht, was passiert". Nach diesem Rat zur Diversifizierung handeln viele erfolgreiche Unternehmen.

Dasselbe gilt auch im übertragenen Sinn. Wir wissen nicht, was die Zukunft bringt, aber das darf uns nicht so ängstlich machen, dass wir nichts wagen. Der zweite Vers spricht wörtlich davon, dass wir großzügig anderen geben sollen. Später fällt das vielleicht auf uns zurück, dann nämlich, wenn wir selber bedürftig sind. Salomo geht in Sprüche 19,17 noch weiter, dort sagt er: „Wer dem Armen etwas gibt, gibt es Gott, und Gott wird es reich belohnen."

Die weiteren Beispiele ermutigen ebenfalls zum Handeln, selbst da, wo es keine sicheren Garantien gibt. Regenwolken entleeren sich auf die Erde. Ein Teil des Wassers geht verloren, in der Wüste, auf den Meeren und Seen. Ein anderer Teil jedoch bringt direkten Nutzen.

Bäume werden im Sturm entwurzelt. Manche richten Schaden an, andere sind nützlich als Brennholz. So vieles ist ungewiss und nicht zu beeinflussen: das Wetter für den Landwirt, der Verlauf der Schwangerschaft für die Mutter. Der Kern des Abschnitts liegt im sechsten Vers: „Leg deine Hände nicht in den Schoß." Salomos Sprichwort richtet sich nicht gegen sorgfältiges Beobachten von Begleitumständen. Ihm geht es um eine perfektionistische Einstellung, die nichts unternimmt, es sei denn, alles ist absolut geregelt und festgelegt. Lass das Resultat deiner Arbeit – mag es erfolgreich sein oder nicht – in Gottes Hand ruhen, aber sitze nicht einfach herum und warte auf perfekte Umstände. Sie werden nie kommen. Es bleibt bei allem ein Restrisiko. Jesus hat es im Neuen Testament so formuliert:

Wer sein Leben über alles liebt, der wird es verlieren. Wer aber bereit ist, sein Leben vorbehaltlos für Gott einzusetzen, wird es für alle Ewigkeit erhalten. (Johannes 12,25 Hfa)

Wir wissen nicht, welche Pläne Gott hat, aber eines ist gewiss: Da, wo wir sind, möchte er uns mit dem gebrauchen, was er uns gegeben hat. Zögere nicht, bis es zu spät ist. Bewege dich, mach einen kleinen Schritt und lass dich überraschen.

Das Leben ist nicht nur ein Abenteuer, es ist auch eine wertvolle Gabe:

Koste das Leben aus!

Salomo hat verschiedene Male dazu ermutigt, das Leben als ein Geschenk zu akzeptieren und zu lernen, was es heißt, sich daran zu freuen.

Schön ist das Licht und wohltuend für die Augen, die Sonne zu sehen! Darum, wenn ein Mensch viele Jahre durchlebt, dann soll er sich in allem freuen, aber auch der Tage der Dunkelheit gedenken, denn auch ihrer werden viele sein ... (Prediger 11,7-8 Bruns)

Unser Leben war ursprünglich dazu gedacht, die Fülle der Freude zu erfahren, so schön wie für das Auge der Anblick der aufgehenden Sonne im Morgenlicht. Auch nach der Entgleisung des Menschen im Garten Eden bleibt diese Freude bestehen. Doch im gleichen Atemzug warnt Salomo vor dem, was als Konsequenz folgt: „Auch der Tage der Dunkelheit werden viele sein." Wir dürfen das Leben auskosten, aber dabei nicht vergessen: In einer vergänglichen Welt verwelkt alles (Psalm 90,12).

Du junger Mensch, genieße deine Jugend, und freu dich in der Blüte deines Lebens! Tu, was dein Herz dir sagt und was deinen Augen gefällt! Aber sei dir bewusst, dass Gott dich für alles zur Rechenschaft ziehen wird! (Prediger 11,9 Hfa)

Am Ende des Tagebuchs folgt noch einmal der Aufruf: „Du junger Mensch, genieße deine Jugend, und freu dich in der Blüte deines Lebens!" Gott gönnt uns seine guten Gaben. Gleichzeitig erinnert er daran, dass keiner völlig autonom existiert: „Sei dir bewusst, dass Gott dich für alles zur Rechenschaft ziehen wird!" Das ist das gesunde Gegengewicht zu: „Tu, was dein Herz dir sagt und was deinen Augen gefällt!"

Im vollen Saft der Jugend muss dir klar sein: Was du heute tust, ist nicht egal. Manche Entscheidungen werden dir für den Rest deines Lebens folgen. Bilde dir nicht ein, fragliche Freundschaften, intime Kontakte, chaotische Beziehungen, regelmäßige Besäufnisse, geistliches Desinteresse und dergleichen seien belanglos. Die Quittung für einen selbstverliebten Lebensstil wird folgen. Nicht sofort, aber ganz gewiss. Verlass dich drauf!

Ein Leben, bei dem Gott in den praktischen Fragen des Alltags und der Moral nichts zu melden hat, ist kurzsichtig:

Denk schon als junger Mensch an deinen Schöpfer, bevor die
beschwerlichen Tage kommen und die Jahre näher rücken,
in denen du keine Freude mehr am Leben hast. (...) Deine Hände,
mit denen du dich schützen konntest, zittern; deine starken Beine
werden schwach und krumm. Die Zähne fallen dir aus, du kannst
kaum noch kauen, und deine Augen werden trübe. (...) Dein Haar
wird weiß, mühsam schleppst du dich durch den Tag, und deine
Lebenslust schwindet. Dann trägt man dich in deine ewige Woh-
nung, und deine Freunde laufen trauernd durch die Straßen. Ja,
koste das Leben aus, ehe es zu Ende geht. (...) Dann kehrt der Leib
zur Erde zurück, aus der er genommen wurde; und der Lebensgeist
geht wieder zu Gott, der ihn gegeben hat. Ja, alles ist vergänglich
und vergeblich, sagte der Prediger, alles ist völlig sinnlos!
(Prediger 12,1-8 Auszug/Hfa)

Im Grundtext ist dieser Abschnitt poetisch formuliert. Kohelet beschreibt die physischen und emotionalen Auswirkungen des Alterns.

Wenn das Hirn den Halt verliert, wenn dem Blut die Bahn zu eng wird, wenn die Linsen das Licht nicht mehr wahrnehmen, wenn der Tod durch Tumor droht, dann ist Altwerden eine Bürde.

Die Gemeinheit des Alterns besteht darin, dass man die Gesundheit genau dann verliert, wenn man das Leben erst so richtig auskosten könnte. Marie von Ebner-Eschenbach hat es so formuliert: „Wenn die Zeit kommt, in der man könnte, ist die vorüber, in der man kann." Die Schilderung des degenerativen Prozesses in Kohelet stimmt nachdenklich und mündet am Ende in den Satz: „Der Lebensgeist geht wieder zu Gott, der ihn gegeben hat." Die Aussicht auf den Tod ist es, die das Altern zu einer frostigen Erfahrung macht. Manche von uns haben persönlich erlebt, wie zerbrechlich das Leben ist, wie schnell und unerwartet der Tod über jemanden hereinbrechen kann. Umso mehr sollten wir jeden Tag als kostbares Geschenk betrachten, als eine Ressource, die weise einzusetzen, statt leichtfertig zu vergeuden ist. Stell daher Gott deine Kraft zur Verfügung, solange du sie noch hast, damit du im Alter nicht mit Bedauern zurückblicken musst.

Ein letztes Mal zitiert Salomo seinen Refrain: „Alles ist vergänglich, alles ist völlig sinnlos!" Das Buch endet dort, wo es begonnen hat. Es betont den Leerlauf eines Lebens ohne Gott. Beides trifft zu: Ohne Gott hat nichts einen bleibenden Sinn, aber *mit* ihm ist auch nichts wirklich sinnlos. Im Neuen Testament bringt Paulus es so auf den Punkt:

> *Meine lieben Brüder, bleibt fest und unerschütterlich in euerm Glauben! Setzt euch für den Herrn ganz ein; denn ihr wisst, nichts ist vergeblich, was ihr für ihn tut. (1. Korinther 15,58 Hfa)*

Es bleibt noch ein dritter Aspekt, und das ist sozusagen die zentrale Aussage im Tagebuch Salomos:

Gehorche willig!

> *Zu guter Letzt lasst uns das Wichtigste von allem hören: Begegne Gott mit Ehrfurcht, und halte seine Gebote! Das gilt für jeden Menschen. Denn Gott wird Gericht halten über alles, was wir tun – sei es gut oder böse –, auch wenn es jetzt noch verborgen ist.*
> *(Prediger 12,13-14 Hfa)*

Kohelet endet da, wo das Buch der Sprüche beginnt (Sprüche 1,7), nämlich mit einer Ermahnung, Gott zu respektieren. Der Prediger würde ohne diese letzten Verse immer unverständlich bleiben. Egal, was das Widersprüchliche in unserem Leben sein mag: eine unerwartete Krankheit, eine unglückliche Ehe, ein unausstehlicher Vorgesetzter, ein unkontrollierbarer Teenager, eine unerfüllte Sehnsucht, was immer es ist: Gott möchte dir an diesem tiefsten Punkt begegnen. Ihm mit Ehrfurcht zu folgen, auch da, wo er unsere Pläne durchkreuzt, da, wo der Weg steinig wird, das scheint er uns zuzumuten. Anselm Grün hat es so formuliert:

In dieser Spannung müssen wir leben: zwischen Gottes-
nähe und Gottesferne, zwischen Heilsein und Kranksein,
zwischen Licht und Dunkel, zwischen Kraft und Ohn-
macht, zwischen Liebe und Leere.[30]

Die Worte „Begegne Gott mit Ehrfurcht und halte seine Gebote!"
sind keine Formel für Gesetzlichkeit, auch keine Methode, um
krampfhaft Gottes Gunst zu erlangen. Dieser Kernsatz ist eine
Zusammenfassung für Anfang, Mitte und Ende des Lebens, um
Sinnerfüllung zu finden. Dem wahren Gott zu begegnen, seine
guten Gaben zu empfangen, zu lernen, sich an diesen Gaben
zu freuen und ihm auch dann zu vertrauen, wenn manches im
Nebel bleibt – all das ist in diesem einen Satz verborgen.[31]

Was für ein Buch! Was für ein Gott! Was für ein Leben! Und
was für ein Plan!

„Gott wird Gericht halten über alles, was wir tun – sei es gut
oder böse", das ist ein letzter Weckruf. Willst du wissen, wie
man sinnvoll lebt im Angesicht der Rechenschaft, die von uns
einmal gefordert wird? Weißt du, was das Geheimnis ist? Ein
einziges Passwort genügt – Christus. Er allein ist der Weg, die
Wahrheit und das Leben. Ohne ihn gibt es keine Orientierung.
Ohne ihn gibt es keine Offenbarung. Und ohne ihn gibt es keine
Erfüllung. Der Hebräerbrief fasst es so zusammen:

> Gott weiß, was zu unserem Besten dient. Wir sollen ihm als seine
> Kinder ähnlich werden. Bleibt auf dem geraden Weg. Setzt alles
> daran, mit jedem Menschen Frieden zu haben und ein Leben zu
> führen, das Gott gefällt. (Hebräer 12,10.13-14 Hfa)

---

[30] Grün, Anselm. *Buch der Lebenskunst.* Herder, Freiburg im Breisgau, 2002,
S. 165.

[31] „Freue dich" und „fürchte dich", beides gehört zusammen (vgl. Prediger
11,8 und 12,13).

Es gibt nichts in deinem Leben,
was Gott nicht beachtet und beurteilt,
darum hat alles einen Sinn.

Damit endet das Tagebuch Salomos. Wir verabschieden uns von einem Mann, der seine Schwächen offengelegt und zu seinen Zweifeln gestanden hat.

Danke, Salomo, dass du deine Erfahrungen so ehrlich
für uns aufgezeichnet hast.

Danke für den Mut, deine eigenen Kämpfe zuzugeben.

Danke, dass du unsere Pilgerreise nicht in Rosa,
sondern realistisch in allen Schattierungen gezeichnet hast.

Deiner Offenheit verdanken wir neuen Mut,
unser Vertrauen in den zu setzen, der über unserem Leben
einmal Bilanz ziehen wird.

Fenster zum Alltag

Falls du nicht schon bei der Lektüre von Salomos Journal reinen Tisch mit Gott gemacht hast, so wäre jetzt der geeignete Zeitpunkt dazu. Schieb es nicht auf, weil du denkst, der Zeitpunkt sei zu früh. Du kannst dich nicht zu früh bekehren, denn du weißt nicht, wie früh es zu spät sein wird.

Vieles von dem, wovon wir unseren Lebenssinn abhängig machen, wird einmal wie eine Seifenblase zerplatzen. Gott möchte mitreden, wenn wir über den Kurs unseres Lebens nachdenken. Er will uns helfen, dort Korrekturen vorzunehmen, wo wir uns auf Abwegen befinden.

Sei mutig!

Gute Vorsätze scheitern an kleinen Umständen. Was ist es, das du schon lange für Gott anpacken wolltest? Was hindert dich daran? Warte nicht, bis sich das Wetter ändert. Warte nicht, bis die Kinder aus dem Haus sind, bis du mehr Geld hast oder bis deine Gesundheit besser wird. Wage den kleinen Schritt. Nicht morgen – heute.

Koste das Leben aus!

Keine Illusion ist uns lieber als die, dass wir jung sind und es immer bleiben werden. Ihr zuliebe verdrängen wir die Realität, ihr zuliebe leben wir in der Vergangenheit. Wie kannst du selber dafür sorgen, bewusster die Gegenwart wahrzunehmen?

Für Senioren: Die Chancen des Alters lassen sich nutzen! Frage dich selbst: Wie will ich die Jahre, die ich noch habe, gestalten? Welche Aufgaben kann ich jetzt noch übernehmen, welche Fähigkeiten noch einsetzen, um sicherzustellen, dass ich lebe, wenn ich sterbe? Lass dich ermutigen durch Psalm 71,18 und 92,13-16.

Gehorche willig!

Für eine ziel- und heimatlose Generation liegt Salomo mit seinen Retro-Argumenten mehr denn je im Trend. Wer von der Fun-Kultur genug hat und zum Fruppie (frustrierter Großstadtmensch) geworden ist, beginnt Fragen zu stellen. Fragen, die Salomo längst zuvor bedacht hat. Seine Bilanz: *Begegne* Gott mit Ehrfurcht, *beachte* seine Gebote, *bedenke* sein Gericht.

Diskutiere doch in deiner Kleingruppe diese drei Fragen: Welche Erfahrung der Gottesbegegnung habe ich in letzter Zeit gemacht? Welche seiner Gebote versuche ich öfter zu bagatellisieren? Welche persönlichen Schlüsse kann ich aus Römer 14,7-10 ziehen?

Übrigens

Salomo wirft mehr Fragen auf, als er beantwortet. Falls du nach dieser Lektüre von deinen eigenen Erfahrungen berichten oder deinen Eindruck über dieses Buch mitteilen möchtest, würde es mich freuen, von dir zu hören. Bitte sende deine Post an folgende Adresse:

Harry Müller
Postfach 455
CH-8047 Zürich
muellerharry@bluewin.ch

„Wer nach dem Wind greift" hat sich als Gesprächsgrundlage für Kleingruppen und Hauskreise bewährt. Ohne aufwendige Vorbereitung lässt sich verteilt auf zehn Abende eine anregende Gesprächsrunde gestalten. Ist dir das Buch eine Hilfe gewesen, empfiehl es doch in deiner Gemeinde zum Studium für Gruppen.

Stichwortregister

Bibelstellenverzeichnis